おんぼろ人生敢闘記

清本鉄男《きよもと てつお》

文芸社

おんぼろ人生敢闘記

おんぼろ人生敢闘記●目次

第一部――二五歳まで

第二部――二五歳から六〇歳まで

第六部—灯火の過去と未来

第一部―二五歳まで

給仕時代

田中てっぱん先生作の小説『この道』（私がモデルになっている）によると、私の学歴は鹿児島県立志布志中学校卒となっているが、これは真っ赤な嘘（「灯光」昭和四四年八月号参照）。親の脛《すね》をかじって一年から五年まで学んだような平凡なものであれば、何も貴重な紙面を割く必要は毛頭ない。

私は、宮崎県福島村（現在の串間市）立福島尋常高等小学校高等科一年を中退した大正一三年（一九二四年）八月、皇居お濠に近い麹《こうじ》町に間借りしていた叔父（母の弟）を頼って上京した。親の援助はまったくなく、まず、生きるための食費はもちろん、学費一切、自分で稼がなければならなかった。

宮城前広場（現皇居前広場）は未だ、ちょうど一年前の関東大震災の爪痕をまざまざと見せた、今にも崩れそうな小屋を思わせるバラックが点在していた。

まず、生きるためにその年の一二月一日、東京市役所社会局公営課勤務の給仕見習（日給四七銭）となった。東京市のマーク「亀の甲」模様の入った金ボタンの制服（黒の詰襟）制帽をいただいて、掃除、お茶汲み、書類の持ち回り、電話の取り次ぎと頑張った。

宮崎弁丸出しの田舎者が「花のお江戸」の大舞台に立つことになった次第だが、一番困ったのはなんとしても東京の言葉が通じない電話の取り次ぎである。

丸坊主の額が、いくらか他人様より広かったのか、当時、時事新聞連載漫画の「ドンちゃん」に似ているということで、奉職（当時、役所の仕事は尊く見えた）一カ月後には、東京帝大出、高文（高等文官試験）パスの住宅係長より「ドンちゃん」という仇名を頂戴し、可愛がられた。爾来、三年後の退職までドンちゃんで通用した。同じく東京帝大卒、高文パスの公営課長には子供さんがなく、我が子のように可愛がられた。休憩の合間に英語を教えていただいた記憶が残る。

翌一四年一二月一日、給仕に昇格した。東京市神田区錦町にある正則英語学校初等科夜間部に入学、ここで勤めながら英語を学ぶこととした。

スミスとかハリスとかいう外国人から英会話を生まれて初めて聞いたのが、大正一三年一〇月上旬だったが、終始チンプンカンプン。昼間の市役所の疲れが一挙に吹き出した睡魔の激しさは、今でも忘れることができない。その他の学科は一切独学、帝大出の今でいうエリート官僚に取り囲まれた職場では、まったく先生に不自由しなかった。

住み込み新聞配達員

当時の中学校は現在の高校だが、私の通った中学は夜間であったため、あくまで予備校であって高校と認められなかった。したがって大学に進むには専検（当時の専門学校入学試験）をパスするか、昼間の中学校を卒業しなければならなかった。

昭和三年（一九二八）四月、東京市神田区三崎町にある市立大成中学校第三学年の編入試験を受験、合格した。ここはもちろん、正規の文部大臣認定の昼間部学校であり、市役所勤務は不可能となったので、やむなく退職。しかし自分で食費と学費を稼がねばならなくなった。

今度はチャルメラを吹いて、東京銀座の夜道を流して歩く屋台ラーメン屋に早変わりした。チャーシューメン、ワンタンメン、シューマイを売って歩く。これが後にも先にも初めての独立開業の試練となった。しかし昼間の学校の疲れが溜まり、体力に限界を感じ、丸一年でダウンした。

次に、学校近くの東京朝日新聞小石川専売店に住み込み新聞配達員として就職した。現在はアルバイトと言われ、レジャーのために働く気楽な学生のイメージがあるが、当時は苦学生と言われ、「苦界に身を沈める」とまでは行かないが、現在のような生やさしい仕事でなく、「苦学力行の士」という悲壮感があった。まさに文字通りの苦しい勉強に堪え抜かなければならなかった。

犬の遠吠えしか聞こえなくなった東京銀座の寒い明け方、東京小石川区の高級住宅街から漂う朝餉《あさげ》の味噌汁の香り。屋台ラーメン、あるいは新聞配達から学校へと急いだ道。若き日の思い出は尽きない。

正規の学校へ通いながら頑張り通す者はほんのわずかであったが、私も例外でなく、食費を稼ぐのが精一杯で、学費の滞納が続いては除籍処分になりかけたことがしばしばあった。

大成中学校最後の学期末試験の時、昭和五年（一九三〇）一一月一四日「浜口雄幸総理大臣狙撃の号外」を配るため、すぐに「帰店せよ」と勤務先から電話があった。学校が大事か仕事が大事かの岐路に立って、他紙に遅れをとっては三五〇軒のお得意様に申し訳ないと、私は躊躇せず号外配達に急行してしまった。三角の学科試験をキャンセルしたのだ。

老いも若きも、貧しい人もお金持ちも、日本人も外国人も、なんの差別もなく平等に、生活を一変させたといっても過言ではないテレビは「未だこの世に出現せず」、テレビなど夢のまた夢の昭和の初期、ラジオすら一日数回、しかもわずか一〇分足らずの定時放送しかなかった。現代の文明社会からは想像できないあの時代、臨時ニュースの担い手は、腰に三個の鈴をブラ下げて「朝日新聞、号外、号外……」と怒鳴って走る（走らなければ鈴は鳴らない）新聞配達員であった。一刻も早く、天下の一大事を伝えねばならないという使命に燃えて、血湧き肉躍る若き日の情熱は、なんの抵抗もなく学校を捨て、仕事に走ったのである。

その結果、「骸骨」の仇名で通ったやかましい担任教官より零点に近い「戊《ボ》」を頂戴してしまった。「これでいよいよ卒業はできないな」と観念していたが、日頃の成績を見てか、苦学生の立場に同情してか、とにかく、落第だけは免れた苦い経験を持っている。もっとも、またまた月謝（毎月の授業料のこと）滞納で、八月の完納まで卒業証書はお預けとなった。

第三四回卒業の母校大成中学は、その後、東京都三鷹市上連雀に移転、大成学園高校となって今も多くの卒業生を送り出している。

灯台看守業務伝習生

「大学は出たけれど……」という歌や文句が流行し、映画にもなったほどの不景気のドン底に直面、「コネ」のない貧乏人の自分にとって、官費以外の上級学校は「高嶺の花」であったので、お金のまったくかからない就職率一〇〇パーセントの東京高等師範学校理科第三部を受験したが、ものの見事に失敗した。

思いきって東京青山の写真専修学校高等科へ入学、就職可能な写真業に進むこととした。昭和九年一一月、東京九段の暁写真館に写真修整師となって勤務中、たまたま毎日新聞の広告にて「灯台看守」の募集を知り、暮れも押し迫った一五日、受験地、横浜の灯台局へと駆けつけた。

ここも高等師範学校と同様、「授業料不要、就職率一〇〇パーセント」が確約されているだけに、食うために大学生や憲兵やら、受験生が募集定員で一〇倍をはるかに超えていた。

写真館の開業資金は当時、東京では一〇〇〇円が相場と言われていた。樺太の灯台で三年間頑張れば、この大金が得られる見込みだったので、この目的のために灯台を利用した。

今考えると身勝手至極、ドライな受験を断行した次第で、誠に申し訳ない。樺太勤務を強く要望したためか、入試成績が悪かったためか、とにかく不合格のハガキをいただいた。その後、すっかり灯台受験のことは忘れ、正月撮影分の写真原版の修正にかかりきりになっていた矢先、灯台局より「台湾総督府所管の灯台勤務希望の有無を照会する」旨の封書をいただいた。永年通いつめたニコライ堂の鐘の鳴る駿河台図書館で「受験生」という雑誌を読んで、灯台勤務の実態をよく知っていたので、早速OKの返答を速達で出した。

樺太および関東州所在灯台の勤務者には本俸(判任官初任給、月俸四〇円)のほかに植民地加俸として五〇円が支給されるので計九〇円となった。前述の通り、当時は不景気のドン底で、東京高等師範学校卒業の旧制中学校の先生でも初任給七五円しかいただけなかったから、誠に喉から手の出そうな給料であった。

台湾各地の灯台は台湾総督府に所属し、灯台局とは別に独立していたので、採用後は台湾総督府官吏となる次第だが、大日本帝国官吏（判任官）としては、灯台局採用の場合と比べなんの遜色もなかった。むしろ旧海軍将校の軍服に似たスマートな判任官制服は、若い者にとっては何よりも大きな魅力だった。さらにうれしいことに、前記の樺太のように加俸五〇円（固定）はないが、台湾総督府の場合は、本俸の六割、つまり初任給四〇円に対して二四円が加俸として支給されたので、昇給していくにつれ、加俸は樺太の五〇円に追いつくことになっていた。

昭和一〇年（一九三五）二月一二日、第三二期灯台看守業務伝習生として、灯台局組一六名、台湾組三名（現地の台湾にて採用の藤永二級通信士、灯台局組より推選の高野君と私）計一九名がめでたく入所した。一九名のうち一四名が、就職難の時代に、この難関を突破してきたわけだが、それだけに変わり種が多かった。年齢制限は厳しく、皆二三歳より二六歳までの青年だった。

わずか半年で卒業という学校だから、なんでも駆け足教授で、私のようなスローモーな性格には苦労が多かった。灯台学校だから石油灯台の学科だけと思いきや、想像もしなかったトンツー教授が始まった。まさに無線電信学校（当時、修業年限二年の目黒の無線電信講習所が最高の専門校だった）並みの特訓として、朝から晩まで教え込まれた。不得手な私は、開業資金目当てに入った天罰か、地獄の責めを受ける運命となった。

小学校から中学（旧制）まで、図画だけは優秀だったので、絵描きになれればおそらく適職だったはずと今でも信じているが、貧乏暮らしにはあきあきしていたので、無理とは知りつつ、なんとか難関突破に全力を挙げることにして、退学は思いとどまった。

スピードを競うトンツーだけは、絵を描くようなのんびりした気持ちでは全然問題にならない。「ハッ」という間にモールス音は消えてしまうので、もう「後の祭り」。受信は特に身を切られる思いで冷汗の連続だったが、今のようにテープレコーダーがあればこんなに苦労はなかっただろうと、感無量である。

さらに悪いことには写真修整師として働いていたため、指がこわばり、正確なモールス打鍵は、すぐに疲れてしまって思うようにならない。先生に内密の左手打鍵でピンチを切り抜けることもしばしばあった。「なんでこんなものを発明したのだろうか」とモールス先生を恨んだが、どうにもならない。生きるためにはなんとか、ピンチを切り抜けなければならないと頑張った。

トンツーができないくらいでへこたれるものかと自分に言い聞かせながら、全力を挙げて勉学に励んだ。トンツーの場合は普通の学科と異なり、減点制だから、ミスがあんまり多いと零点どころか、逆にマイナス点という結果にもなりかねない。筆者の場合、まさにそのマイナス六〇点生と相成ったが、やはりどうしたものか、卒業させていただき、「第二回目の卒業ピンチ」も切り抜けることができた。

第二部──二五歳から六〇歳まで

孤島の花嫁

昭和一〇年（一九三五）八月二三日、逓信省灯台看守業務伝習所（海上保安学校の前々身）第三二期生、台湾総督府依託学生として卒業、「灯台看守に任ず」の辞令を拝受。二五歳にして、守灯一路の人生がスタートした。

内地組は卒業と同時に判任官十一級俸（月額四〇円）任官の辞令をいただいて、日本各地の北へ南へと赴任していった。

台湾組の三人のうち、藤永兄（三二歳）は、前任地、北島灯台へ復帰、無線電話の責任者として勤務することとなったので問題はなかったが、残りの高野君と私は、

25歳の花婿と22歳の花嫁の挙式（昭和11年10月14日）

台湾総督府所管灯台では唯一つしかない無線電信併置の彭佳嶼《ほうかしょ》灯台勤務を命ぜられた。

台湾では、現地採用の雇員を灯台局伝習所に派遣し、卒業後任官させていたから、今までは入試を受けずに特別入所していた。従って競争の激しい入試突破者は高野君と私が初めてということで、優秀と見られたのだろう。高野君の場合はまさにその通りで、内地組にも引けを取らない成績だったが、私の場合、他の学科は「まあまあ」としてもトンツーだけは前述の通りの体たらく。三〇箇所近くある灯台のうち、トンツーの使用箇所は彭佳嶼灯台の一箇所しかないのだから、マイナス六〇点生を選《よ》りに選《よ》ってわざわざ勤務させることはなかったのだろうが、台湾総督府としては初めての「灯台局推選者」として優秀な人材を登用した心算《つもり》だったらしい。

灯台看守業務伝習所を卒業した二五歳の花婿（私）と朝鮮総督府小鹿島小学校の教壇に立っていた二二歳の花嫁先生が、昭和一一年（一九三六）一〇月一四日、私の郷里、宮崎県福島村で挙式してのち、九州を縦断、さらに門司より台湾・基隆《キールン》までの三日三晩の長い旅路を経て、さらに基隆より一〇〇キロも離れた絶海の孤島、アジンコートへ赴任する。新婚旅行にしてはあまりにも厳しい試練の旅である。

挙式より六日後の一〇月二〇日、午前二時、基隆の港より、静まり返って犬の遠吠えしか聞こえなくなった真夜中、アジンコートに向けて出港した。出港後間もなく、船は木の葉のように揺れ、ひっくり返るのではないかと思われた。ときどきザバッと波に叩きつけられる音と同時に、船室の天井に頭をいやというほど打ちつける。まさに生き地獄の旅となった。

基隆を出て七時間。「家内」と呼ぶにはまだ早過ぎる花嫁先生は、吐くものがなくなって、ついに血を吐いた。なんの罪でこんな苦しい目に遭うんだろうかと、海に飛び込んで死んでしまいたい苦しい気持ちを訴えるが、亭主たる私も船酔いには勝てず、横に縦に、揉みくちゃになり、疲れ果てている。

朝九時、やっと目的地に着岸した。江戸時代、罪を犯した人々が受けた「島流しの刑」を身をもって体験した。この船は基隆水上警察署の警備艇、五〇トンで船長

郵便はがき

恐縮ですが
切手を貼っ
てお出しく
ださい

1 6 0 - 0 0 2 2

東京都新宿区
新宿1－10－1
（株）文芸社
ご愛読者カード係行

書　名				
お買上 書店名	都道　府県　　市区　郡　　書店			
ふりがな お名前			明治 大正 昭和　　年生　　歳	
ふりがな ご住所	□□□-□□□□			性別 男・女
お電話 番　号	（書籍ご注文の際に必要です）	ご職業		

お買い求めの動機
1. 書店店頭で見て　2. 小社の目録を見て　3. 人にすすめられて
4. 新聞広告、雑誌記事、書評を見て（新聞、雑誌名　　　　　）

上の質問に1.と答えられた方の直接的な動機
1. タイトル　2. 著者　3. 目次　4. カバーデザイン　5. 帯　6. その他（　　　）

ご購読新聞　　　新聞	ご購読雑誌

文芸社の本をお買い求めいただき誠にありがとうございます。この愛読者カードは今後の小社出版の企画およびイベント等の資料として役立たせていただきます。

本書についてのご意見、ご感想をお聞かせください。 ① 内容について ② カバー、タイトルについて
今後、とりあげてほしいテーマを掲げてください。
最近読んでおもしろかった本と、その理由をお聞かせください。
ご自分の研究成果やお考えを出版してみたいというお気持ちはありますか。 ある　　ない　　内容・テーマ（　　　　　　）
「ある」場合、小社から出版のご案内を希望されますか。 する　　しない

ご協力ありがとうございました。

〈ブックサービスのご案内〉

小社では、書籍の直接販売を料金着払いの宅急便サービスにて承っております。ご購入希望がございましたら下の欄に書名と冊数をお書きの上ご返送ください。（送料１回210円）

ご注文書名	冊数	ご注文書名	冊数
	冊		冊
	冊		冊

以下全員巡査であったが、非常に親切にしてくださった。

荒れ狂った波は、一五〇メートルの断崖絶壁の岩肌に噛みついてシブキは空高く飛び散り、台湾本島より北へ航程一〇〇キロを走行した船は、風下の静かな波止場に無事横付けされた。

早く上陸するよう言われたが、花嫁は死人同様でぐったりしている。恥も外聞もなく男の人達に助けられてやっと島へ上がった。台長（灯台長）さん始め、台員五名、測候所の方三名、その他用務員さんや苦力《クーリー》（中国人の肉体労働者）全員が迎えてくださった。

人間の恋しいこの島で、まして花嫁ともなれば、特別に待っていてくださった由である。波止場から山道を拗《くね》り上って一五〇メートルの山頂にある灯台に辿り着いた。

ここは台湾総督府の交通至難地で、正式には「彭佳嶼灯台」（島のことを嶼《しょ》と呼ぶ）と呼ばれる。光力八六万燭光（明るさの単位、現在はカンデラを使用）、光達距離三〇海里（一海里は一・八五二キロ）、すべての条件において台湾最高の一等灯台である。彭佳嶼は一般には「アジンコート島」の名称で親しまれて有名だった。日本から台湾に向かう時、最初に見える周囲五キロの島である。

数千年前までは火を吹いていたと思われる二〇〇〇平方メートルの火山口に、すっぽり埋まったように事務室、倉庫、さらに六世帯分の宿舎（官舎）が建てられているので、周囲は天然の暴風塀となり、毎年必ずやってくる大型台風に堪えている。台風に吹き切られて伸びることのできない灌木の森が点在するほかは、まったくの禿山《はげやま》。放し飼いの黒野羊約五〇〇頭が草を求めて遊んでいる平和な別天地であった。

この島には灯台のほかに、一年前（昭和一〇年）に新設された台北気象台所属の測候所があって、所長を含む三名の職員と家族三名が「嶼の住人」であった。

灯台は台長以下五名、職員家族五名、その他台湾人の用務員、苦力家族共に六名であった。

さて、測候所の気象電報は灯台付設の無線電信で基隆無線電信局に毎時送るほかに、「内・台定期船」に船の位置を測定させるラジオビーコン業務が兼務となっていた。これら電信業務は三席の伊東二級通信士、高野君、私の三名が兼務していた。「内・台定期船」とは、門司（現在の門司港）基隆間を往復する定期船のことであるが、当時、七〇〇〇トン程度の船が六隻就航していた。どの船も、ビーコン業務でお世話になるので、灯台に感謝の意を含めた合図の汽笛を鳴らして灯台の近くを過ぎていく。

へっぽこトンツーが、無事に基隆八港に一役買うことができたあの時の喜びは、孤島を守るオペレーターの何よりも忘れることのできない思い出となっている。

貞明皇太后陛下より御下賜のラジオのある娯楽室に、全員が集まって一日、数回しかない定時放送を聴くことだけが唯一の楽しみである。薄暗いランプの下では、本を読むことすらできない。魚は自分で釣らなくては、口にすることができない。寂寥と困苦欠乏、さらに孤独との戦いである。

野菜を作り、鶏を飼い、海へ下りて魚を釣る。自給自足でなければ生きられない
この世界では、これらの作業も灯台業務の一端としてまかり通る。野菜作りの鍬《くわ》が
官給され、野菜畑を官名では「菜圃《さいほ》」と呼び国有財産の一部となっていた。

僻地では、薪は流木を拾い、魚は自分で釣らなければ食べられない。養鶏によっ
て卵や肉の蛋白源を得、自作の野菜を食べ、「家庭の医学書」を頼りに病を治す。
水は雨水、雨が降らなければ危険な断崖の水を運び上げる。この世界では、魚釣り、
薪割り、野菜作り、養鶏、風呂沸かしは夫婦の二人三脚、公務の一端としてまかり
通る。まさに公私混同である。今日の単身赴任とは、「まったく比較にならない厳
しい試練」である。

石油ランプの灯りが唯一の照明。ラジオが貴重な娯楽であるが、わずか一〇分足
らずの定時放送のみ。もちろん冷蔵庫はないので、塩乾食品が最後の頼りとなる。

その上、学校（伝習所）を出たばかりの私にとっては、三級無線通信士の国家試
験を受けなければならない（赴任一年後には、早くも高野君は三級通信士の国家試

験に合格していた）。福島高等女学校卒の花嫁は、幸せなことに、県体会にテニス選手として出場したほどの運動神経の持ち主だっただけに、トンツーの上達が早く、半年後にはへっぽこ亭主とあまり変わらぬ腕前となった。家内の打つ欧文トンツーを受信することによって、練習を積み、昭和一二年八月一一日、辛うじて合格することができた。この時ほど、妻のありがたみを感じたことはなかった。現在のようにテープレコーダーのなかった時代、また、不合格の場合、灯台をやめる心算であっただけに、人生の岐路に立つ新婚夫婦の二人三脚は見事成功した。マイナス六〇点生が一躍、三級へと昇った時の感激は、永久に忘れることができない。

公私混同の新婚生活は苦しくもあり、楽しくもあった。平和な日が続いたが、一二月になると早くも妻の体に変調が起きた。話題に飢えた島内のビッグニュースとなって妻の妊娠が伝わっていった。

半月に一回、郵便や食糧を運んでくる警備艇のことを、私達は「交通船」と呼んでいた。この船は冬期になると、二〇日おきになったり、二五日おきに延びたりする。一カ月分の食糧は用意してあっても、やはり船の来るのが延びると心細く、なんとなく皆、不気嫌な顔になった。基隆無線電信局から、船の出航がモールス信号で送られてくると、電鍵を叩く手が弾む。みんな子供のようにはしゃぎ、丘の上に上っては船影を探す。

総督府からの公文書、郷里からの便り、食糧などを乗せてくるが、荷物が着くと大変だ。船を待たせておいて、郵便物の返事を書いたり、到着した食糧を調べて、次回の注文書をまとめたり、正月と盆が一度にやって来たようなうれしい悲鳴となる。

一通りの仕事がすむと、郵便は行嚢《こうのう》に詰められ、船は基隆へ帰っていく。郷里から送ってきた小包やめずらしい物はおたがいに分け合って、また平凡な毎日が繰り返される。

テレビはもちろん、ラジオすら聴けない。電気冷蔵庫は、夢にさえ見ることのできない時代。暗い石油ランプの夜の生活は、平成の今日、若い人々には想像のできない耐乏生活であった。

妻のお腹も人目につくようになってきた。出産と育児についての本を購入、勉学に全力を挙げた。医者に頼ることのできない世界だけに、夫婦揃って読み耽《ふけ》った。「初産は里で……」というのが常識であるが、両親の住む朝鮮までの里帰りは、彼女が船に弱いことを思うと、到底できることではない。

妻は、基隆市内の福永産婦人科で昭和一二年(一九三七)九月一四日、女児を無事出産した。父となり、母となった感激は、苦しかっただけに喜びも一入《ひとしお》、忘れることができない。

一週間が経過し、無事退院の生まれたばかりの赤ん坊を医者のいない島へ連れ帰るのは不安だったが、子供用の薬を有り金全部叩《はた》いて買い込み、生後一二日目の九月二六日、親子三人は元気で我が家に帰ることができた。一年前、花嫁として船に乗った時は血を吐くほどの船酔いをした妻も、母親になったためか、赤ん坊のことが心配で、あまり船酔いをしなかった。「母の強さ」を知ることができた。

島の人口が一人増えた。赤ん坊はめずらしいので大人達の格好の「おもちゃ」になり、抱き癖がついて困ったが、お陰で病気もせず、みんなに可愛がられてスクスクと育った。丸々と愛らしかったこの赤ん坊は現在六五歳、一男一女の母となり、二人の孫（私にとっては曾孫《ひまご》）に囲まれている。

北島灯台の最期

澎湖《ほうこ》島の馬公《まこう》から約一五キロ離れた絶海の孤島にある北島灯台へ移ったのは昭和一八年（一九四三）三月二五日。

官舎と事務所は馬公にあり、職員六名が半数ずつ、一週間毎に交代船で島へ渡り、勤務した。その他に台湾人の用務員が三名、灯台の炊事および掃除に従事した。職員は灯台業務に専念していた。

交代船の有明丸（一九トン）は灯台所属船で、船長始め船員四名も灯台職員で、灯台長の部下であった。家族は馬公の官舎にいて、そこから子供達は近くの学校へ通ったが、日毎に空襲が激しくなり、わずか半年で休校となってしまった。

島というより、草一本もない「岩」の上に、高さ三六メートルの鉄造りの灯台がある。光力五〇万燭光で彭佳嶼灯台にはおよばないが、高さにおいては台湾一の誇りを持つ一等灯台である。

灯台構内には共同用の職員宿舎が一棟あり、食事は、用務員さんが作ってくれたものを食堂に集まっていただく。

灯台構外には台湾人漁師の小屋が一軒あり、仮住いしながら堰堤《せきてい》に入る魚を捕えて生活している。海抜五〇メートルの灯室から双眼鏡で覗くと、出口を失った魚が堰堤の中をグルグル白い腹を見せながら泳ぎ回っているのがよく見える。鰹やバリの大群がよく入る。「果報は寝て待て」と言うが、ここの漁師は出口を小網で塞いで、潮の引くのを待つだけでOK。誠に気楽な漁法である。周囲一キロ足らずの北島付近一帯は、干満の差が大潮の時は五メートルにもおよび、魚はこの中に捕えられてしまう。

灯台付設の無線電話にて澎湖郵便局と定時の連絡を取り、馬公にある灯台官舎に用事を伝える。漁師達の家族の住む島は白沙嶼《はくしゃしょ》と言って北島から近い。潮が引いたら、二海里の海上を物干竿一本で渡って帰る者もいる。

北島灯台赴任以来、物資はだんだん少なくなって、何もかも配給になった。「灯台の火」をつけるための一ヵ月分のマッチ三〇本の特配申請のため、澎湖庁まで足を運ばねばならなくなった。

日増しに戦争は激しくなるばかりで、馬公にも警防団が編成され、間もなく婦人の防空班が結成された。班長には若い頃、小学校の先生をされた台長夫人が選ばれ、副班長に家内が命ぜられた。妊婦と病人以外の婦人は、全員、防空訓練に参加させられた。

昭和一八年九月上旬、初の馬公大空襲にて、澎湖庁、要港部など、大型爆弾に見舞われ、大損害を受けた。爆弾の威力は竹槍程度の人間の力ではどうにもならないことがわかり、防空訓練は以後、中止された。

空襲を知らせるサイレンは日に何回も出るようになり、敵機の波状攻撃が繰り返され、大型爆弾の洗礼を受けたが、立ち向かう友軍機は次第に姿を消していった。主人である私が北島灯台勤務のため留守中の空襲は、筆舌に尽くせない戦慄をおぼえた由である。

ラジオのニュースでもだんだん「軍艦マーチ」は聞かれなくなり、「海行かば」の悲しいメロディーとともにどこかの島の玉砕を知らせるばかりとなり、不安な毎日が続いた。

正月もあと数日に迫った昭和一九年暮れ、台湾ではめずらしい肌寒い日に、南方行きの輸送船が次々に沈められた。御用船が馬公に入港するところを襲われ、撃沈とともに海に放り出された兵隊は機銃掃射された。ほとんど亡くなったが、手を失った人、足を失った人が次々に馬公小学校へ収容された。

いよいよ澎湖島は敵が上陸してくる恐れが強くなり、婦女子の強制疎開が決定した。米のできない澎湖島では子供達を餓死させることになるので、北島より私が帰り次第、台湾本島の山奥へ疎開すべく準備していた。最大の悲劇となった「悪魔の日」がついにやって来た。以下は、留守宅を守っていた妻から聞いた話である。

昭和二〇年二月一四日の朝、薄暗い中にウンウンと唸《うな》る敵機の来襲と同時にサイレンが鳴り響き、「空襲警報」が発令された。定期便と言われるほど、いつもの空襲は〇九・〇〇（午前九時）より始まるのに、どうしたものか早朝より開始された。いつもの威嚇《いかく》とは異なり、胸騒ぎがするので、妻は急いで炊事場の火を消して、子供達を連れて防空壕へ入った。

飛行機の音が遠のいたと思うと、また低空でやってくる波状攻撃が長く続いた。恐ろしさのあまり、子供達は泣き出す。雨上がりのドロンコの壕の中で、それぞれ綿の入った防空頭巾を被《かぶ》り、身を寄せ合って、さらにその上に布団を積み、息を殺して咳一つせず「今日が最後かも……」と震えていた。四人の子供を抱きかかえた妻はその後、夫のいない空襲を再度体験している。

対岸の海軍要港部石油タンクは真っ黒い煙を吹き上げ、飛行機の格納庫はときどき大きな爆発と共に黒い塊のような物が吹き上げられた。凄惨《せいさん》な光景だった。

我が家に戻ると、壁は落ち、天井には大きな穴ができ、青空が見えていた由。その時、若い職員の高都さんが飛んできて「北島灯台も爆撃されたらしい。無線電話でいくら呼んでも応答がない」と伝えたそうだ。

一方、北島灯台側では、台長、私、高橋君（「灯光」特別会員）、台湾人の用務員さんの四名が灯台勤務のため在島していた。どんより曇った台湾にはめずらしい寒波が押し寄せ、異常低温となったために、近くの海上に二〇センチも三〇センチもあるいろいろな魚が苦しそうに海面に浮き上がり死にかけているのを発見した。

私はこれをバケツにいっぱい拾い上げていたところ、B24の敵機に発見され、機銃掃射を受けた。急いで共同宿舎に飛び込み、押し入れに入って布団を被った。その瞬間、大型爆弾によって屋根は吹き飛び、天井が布団の上に崩れ落ちた。

さらに、両足近くに飛んできた機銃の弾丸《たま》によって畳は黒く焦げていた。胡座《あぐら》の角度がもう少し広ければ、両足貫通の運命だった。

幸いに台長には、怪我はなかったが、高橋君は爆弾によって耳が聞こえなくなり、以後難聴に苦しむこととなった。

北島灯台共同宿舎よりわずか一〇メートルの砂地に大型爆弾の偉力を示す火山口のような穴がポッカリあき、灯台のレンズ、無線電話機は爆風で全滅、瞬時にして廃灯と化してしまった。

明治三五年（一九〇二）六月より不滅の慈光を放ち続けてきた台湾総督府の北島灯台、いや日本の北島灯台の最期となってしまった。無線電話機を失い、住む家を奪われた台長以下私達四名は、貯水タンクの水を捨て、その中に隠れ、救援を待つことにした。

交代船の有明丸は救援を急ぎたかったが、連日の空襲で出港できない。結局、三日後の一七日未明、職員三名、用務員二名を乗せて出港した。

その際、防空訓練帰りの白沙嶼警防団員（いずれも台湾人）三〇名を便乗せしめたために軍用船と思われたのか、出港後間もなく、約一時間に近い空襲を受けた。海の若者揃いの警防団員は全員海中に飛び込んだが、大型爆弾の水圧によって全滅。灯台職員の船長、高都さん、用務員の三名は即死、機関長、安慶名《あけな》さんの二名が負傷した。さらに機銃掃射はシリンダーを撃ち抜き、ついに船は運航不能となった。ブリッジのみ見える水船となって漂流、敢《あ》えない最期となった。

一〇日後に高都さんの死体は近くの島に漂着し、火葬の上、お骨を郷里へ送ることができたが、船長についてはついになんの手掛かりも得られなかった。台湾本島より孤立してしまった澎湖島は、特別な任務につく者ばかりとなった。そのため、有明丸船長（富浦氏）および灯台職員、高都さんの葬儀は、わずかの日本人の寂しい「野辺の送り」となってしまったことはあまりにも惨めで、申し訳なかった。本来なら、台湾総督府最高のセレモニーとして遇されるべきであり、また、灯台一二五年史に残すべき御霊《みたま》である。

安らかに成仏されよ!!　合掌。

一時の措置であったが、当初、灯台職員は「代員をもって替え難い官吏」として兵役を免除され、私は終戦まで軍の召集はまったくなかった。しかし、灯台そのものは空襲の格好の目標となり、開戦と同時に戦場と化したのである。

【追記】

●昭和二一年（一九四六）五月一日、中華民国委任官となって、彭佳嶼灯台戦災復旧のため再度赴任、彭佳嶼灯台最後の日本人の灯台長を務めた。

●「北島灯台の最期」の九死に一生を得た悲劇を記録した「わたしの戦争体験記」は、福岡県庁において平成八年（一九九六）三月には永久保存の蔵書となり、戦争を知らない世代のために保管されている。

引き揚げ

今まで長い間「大人《たいじん》」と呼ばれていた日本人が、敗戦を知った台湾人に「負け犬」と罵られた昭和二〇年（一九四五）八月一五日。

筆者は台北州の山の中にポツンとある三貂角《さんせかく》灯台に単身赴任中。妻子は台南州安《アン》平《ピン》に住んでいた。

台湾が中華民国と変わったものの、未だ無政府状態。毎日略奪が相次ぎ、日本のお金は使用できない。私達夫婦は、子供五人の生活を守るため、着物その他の貴重品の売り食《ぐ》いをせざるを得なくなった。

一刻も早く引き揚げ船に乗るため、基隆へ行き、船待ちすることになった。昭和二一年一〇月二七日、台南号（五〇〇〇トン）の船倉に荷物同様の扱いで乗せられた子供五人を夫婦交代で見守る。

三日後の三〇日、佐世保に上陸。直ちに待機の貨物列車に鮨詰めに乗せられて発車。もう中からは開くことはできない。

翌日夜明け前に鳥栖《とす》駅にて臨時停車。もう恥も外聞もなく、一斉に排便を断行したが、娘四人の世話に母は全力を振り絞った。まさに命がけの停車だった。

郷里、宮崎県福島村に帰り着いたのが夕暮れだった。一〇月三〇日から、着の身着のまま裸一貫の苦難の生活が始まる。

海水浴場の砂浜に差した竹を柱にし、釘がまったくないので梁を縄で縛り、屋根に萱《かや》を葺《ふ》く。この急造の小屋を我が家とした。

ここで海水を汲み運び、製塩業を開始した。一家総動員、できたての塩を農家に持っていき、食糧（麦、いも）と交換することで、七人全員の生活を支えた。ドン底生活が昭和二二年（一九四七）五月二四日、石川県・舳倉島《へぐら》灯台赴任の前日まで続いた。

女人禁制の島

ささやかな正月はいつの間にか無事過ぎ、忘れていた注連《しめ》飾りをはずした昭和二七年（一九五二）一月一八日、思いがけない転勤の電報が届く。

女人禁制で有名な福岡県宗像《むなかた》郡の「沖の島灯台」である。台湾引き揚げ以来、五年振りに灯台長に返り咲くことになった。四〇歳、子供七人の親として、公私ともに責任が重くなった。

前任地（舳倉島灯台）の輪島出発の日はすごい吹雪で見渡す限りの銀世界。ラッセル車に引かれながら、能登路を南へ南へと走った。金沢で乗り換え、翌朝大阪へ着いた。子供達のために大阪動物園に行き、また夜行で九州へ向かった。

夜行列車は闇米買出し《やみごめ》の人で満員。大きな重そうな荷物を座席の下へ隠している人がたくさんいた。公安の人が来ると大変だった。通路に紙を敷いて休む人や荷物に腰をかけている人のために子供達の座席がバラバラになり、見えなくなる。他人に連れていかれそうで、駅に着くたびに心配で夜中も安心して眠れなかった。

どうにか何事もなく、一月二五日朝、門司港着。鹿児島本線に乗り換え、赤間駅に下車して二泊三日の汽車の旅を終えた。

オート三輪にて神湊《こうのみなと》へ急ぎ、定期船、弁天丸（二〇トン）にて大島へ着いた時は夕暮れの六時過ぎだった。

波止場には灯台職員のほかに村の人がたくさん来ていて、子だくさんの私達はジロジロめずらしそうに見られたが、一家全員、九人が元気で着任できた。

驚いたことには、五年前、二度目の彭佳嶼灯台勤務で一緒だった木村正男氏と偶然再会、戦災復旧の苦労話に花が咲いた。私より一歳若い木村氏が次席となり、再び私を助けていただくこととなったのは、何よりも心強かった。灯台は、若い人を加えて総員六名だった。

沖の島は大島から五〇キロ離れた周囲四キロの絶海の孤島で、灯台は海抜二四〇メートルの山頂にある。光力二五万燭光、光達距離三七海里の九州屈指の一等灯台である。

付設の無線電話は、沖の島周辺に散在する各灯台の中継業務を行い、さらに大島官舎との定時連絡があった。したがって沖の島無線電話が故障となったら各局通信網が杜絶《とぜつ》することとなるので、責任が重い。職員三名が勤務し、居残り番一名を残し一〇日毎に交代した（現在は無人化により、滞在勤務はなくなっている）。

交代船は明治三八年（一九〇五）の設置以来、地元大島の漁船を傭船《ようせん》してきたが、昭和三〇年（一九五五）より、海上保安庁の巡視船に替わり、わずか三時間で行けるようになった。

千古不易《ふえき》、昼なお暗い原始林の沖の島は、全島が宗像神社の沖ツ宮の御神体となって、一木一草、石ころ一個といえども島から持ち去ることができない。また、人類が月に着陸した科学文明の時代とはいえ、沖の島には「女人禁制」のタブーがある。あまりにも時代錯誤の迷信かもしれないが、私が六年有半の在勤中、このタブーを犯した人は大なり小なり、数年後には悲劇のヒロインとなった。そうした事例が余りにも多いのに驚く。

御祭神は天照大神の三女神に当たる多紀理比売《たぎりひめ》であるが、一〇〇〇年ないし一五〇〇年前に奉納された祭祀品《さいし》が、沖津宮を中心に岩間より、五〇〇〇種、数万点に達する夥《おびただ》しい破片となって、九州大学、京都大学ほかの考古学者の手によって発掘され、一躍有名となった。

金の指輪、鏡、刀剣などが国宝に指定され、天覧に供した物も少なくない。弥生時代より連綿と続いた沖津宮祭祀の片鱗を窺い知ることができ、私が在勤中、四次にわたる発掘調査をお手伝いできたことで、「神のご加護」を身をもって確信している。

昭和三〇年（一九五五）九月二三日、灯台用に保管していた水銀一五九・六五キロが何者かに盗まれた。その後、小倉にて売却されていたことが判明した。

私は、この責任をとって二三万円を弁償することにした。東京の叔父に引き揚げ者給付金（国債）を担保として二〇万円借金。残りは年末の賞与全額を充てた。全島を御神体とする宗像神社沖津宮の神を冒瀆する事件であったが、「罪を憎んで人を憎まず」の信念に徹した。妻は、高校生を頭に七人の子供の肝っ玉母さんとして、よく赤貧に耐え抜いた。

北風の強い昭和三三（一九五八）年一月二〇日、女人禁制の神の島である沖の島に、釜山《プサン》から夜陰に乗じて密航船が漂着した。

九州本土上陸の予定であったものと思われるが、舵《かじ》を折られ、浸水のため、やむなく入港したのだ。三〇数名のうち、女性が一〇名以上乗っており、私が臨検のためハッチを開けたところ、全員足は水浸しとなり、寒さと船酔いで青醒《ざ》め震えていた。手を合わせ、韓国語だったが、救いを求めていることがよくわかった。この中に数名のいじらしい子供を見た瞬間、一二年前、引き揚げ船「台南号」の船艙に、荷物同様に乗せられた我が子五人が目に浮かび、我が事のように涙があふれた。

昭和二一年一〇月二七日、私達一家は裸一貫となって基隆から佐世保に上陸したのだった。「国破れて山河あり」。未だ私達には「祖国日本の土」があったが、この密航者達は、大切な祖国を自ら見捨てた人ばかりである。この子供達にミカンを一つずつ与えた時、日本語のわかる婦人が、「韓国ではミカン一個一〇〇円するよ」と、感謝されたことが思い出される。

海岸の漁師の仮小屋を借りて焚火をしてやり、翌朝、巡視船「くさがき」の到着を待った。

国境の島

一衣帯水、指呼《しこ》の間《かん》に接する韓国から一方的に強制された李ラインの海上では、日本漁船の拿捕《だほ》が相次ぎ、巡視船は武装のやむなきに至った。

一触即発の不気味な海域から最も近い国境の島、長崎県対馬沖の三島灯台の護りを命ぜられたのは、昭和三七年（一九六二）二月一四日。「天気晴朗なれどまさに波高し」の転勤を味わった。

海抜わずか一〇メートル、周囲〇・四キロ、椿と水仙の花が咲き乱れる三島は、仲睦まじく群れる夫婦鴨、甘い香りが漂う繁みに蜜を求める小鳥達以外には、訪れる者とてない。対馬最北端の鰐浦《わにうら》より一海里の海栗島《うに》、そこからさらに一五海里外海に三島が存在する。

海栗島には航空自衛隊レーダーサイトが駐屯して防備は固いが、それとは裏腹に、最前線の三島はまったくの無防備。職員二名が捨て身の勤務を行って、一〇日毎に地元の傭船を使って交代勤務していた（現在は無人化灯台となっている）。当時、所長以下五名が、三島灯台を始め対馬北部の灯台一〇基の保守管理に当たっていた。

灯火保守と海上監視に明け暮れた七年三カ月。この間に管内灯台は三倍に増加し、さらにロラン局、トーキングビーコン局、デッカ局の電波灯台が矢継ぎ早に建設された。誕生に際し、道なき道を切り開いて、ありったけの情熱を燃やし、先頭に立って、突進していったが、ついに実らず。「ロランに失恋し、デッカに振られ、トーキングに見捨てられ」、まさに「使い捨ての紙屑」同様、無念の一語に尽きる運命となった。

一一二八年間、埋もれていた古代航路標識発祥の地、千俵蒔山《まきやま》にデッカ建設の第一歩を踏みしめた時の感激は、平成の今日、今なお消え去らない。

明治二七年（一八九四）八月二八日、無人の島に、海軍省の要請により急造された四角形木造の三島灯台が、光を放ってから九九年。人間で言えば「白寿」を迎えためでたい年となり、慶賀に堪えない。

昭和五〇年（一九七五）五月一日、誕生のオメガー局が加わり、国境最前線の北対馬は、国内だけにとどまらず、世界に誇る「日本航路標識のメッカ」と言っても過言ではない。

「守灯一路」の三六年有半

昭和四四年（一九六九）四月一日、佐賀県呼子町《よぶこ》に移った。豊臣秀吉が、三七八年前の文禄元年に築いた名護屋城址に近い漁港である。

呼子航路標識事務所は、私にとってはいよいよ勤務の終着駅となるが、単身赴任となった。今までの別居生活、総計一二年の最後となる。

明治八年（一八七五）八月一日建設の齢《よわい》九五歳（当時）の烏帽子島灯台が、呼子北方一〇海里の岩の上にある。

職員二名が一〇日毎に交代勤務しなければならない。光力五〇万燭光、光達距離二〇海里（当時）の烏帽子島灯台のほかに管理標識四三基があり、所長以下一五名が勤務する（その後の昭和五〇年、無人化灯台〈ソーラー〉コンクリート造りに建て替えられ、月二回の見回りとなった）。

鉄造りの旧灯台は英国魂の権化、日本の灯台の父ブラントンの汗の結晶であるため、当然、文化財として保存されるものと思っていたが、無人化の際に取り壊され、海底の藻屑と消えてしまった。

ただうれしかったのは、感謝を込めて磨き上げたレンズ（二等不動）が舞鶴の海上保安学校資料室に移設され、幸運にも昭和六一年（一九八六）八月二三日、そこを訪れた際に一四年ぶりに、偶然の再会に恵まれたことである。

昭和一〇年（一九三五）九月より三六年有半。昭和四七年三月三一日、定年退職。灯台の光芒は、私の目から完全に消え去った。

東京湾入口に当たる神奈川県観音埼灯台の工事が着工されてから、昭和六三年（一九八八）一一月一日の灯台記念日で、ちょうど一二〇年。私達夫婦の三六年の灯台人生は、一二〇年の灯台史から見れば、わずか三分の一に当たる一齣に過ぎない。

「大学は出たけれど……」が流行語となった不景気のドン底時代に台湾の灯台に就職できたが、一〇年後の昭和二〇年（一九四五）八月一五日には夢想だにしなかった敗戦。台湾の灯台より、日本の灯台へと、裸一貫の無一物となって、家族七人が移動を余儀なくされ、「国敗れて山河あり」の悲劇の引き揚げ者となる。

以後は呼子航路標識事務所長が最後となった定年退職の六〇歳まで、僻地勤務三二年六カ月、平地勤務わずか四年、合計三六年余（官歴としては恩給加算九年を足して通算四五年六カ月になる）の灯台守人生を全うした。

絶海の孤島より人煙《じんえん》稀な岬角《こうかく》へ渡り鳥となって渡り、灯台史上前例のない苦闘の足跡となった。

「守灯一路」の三六年有半のうち、人並みに学校や病院のある灯台は、終着駅となった佐賀県呼子勤務のわずか三年に過ぎず、別居生活（現在でいう単身赴任）は実に通算一二年におよぶ。僻地勤務三二年は、灯台勤務の最長記録。
しかも、僻地勤務制度の廃止された今日では、もうこの記録は破られることは永久にない。まさに「幻の記録保持者」となってしまった。

【追記】

以上の我が夫婦の苦闘は、灯台記念行事の一環として、七管灯台部のご推薦をいただき、昭和四五年（一九七〇）一一月四日より九日まで四回にわたり、NHKラジオ「午後のロータリー」にて、「孤島の花嫁」として九州全地区で放送していただく光栄に浴した。この灯台日記は、台湾より日本本土まで、九つの離れ小島を転々とした、いわば「島流し三六年の渡り鳥」のような、七人の子供をかかえた貧しい夫婦の二人三脚の記録と物語に尽きる。

第三部—六〇歳から八〇歳まで

日本海洋少年団全国大会事務局財務部長

常陸宮同妃両殿下をお迎えして昭和四七年（一九七二）七月二八日、福岡市民体育館にて開催された第二一回日本海洋少年団全国大会は、九三団体総員三二四一名が参加し三日間にわたり盛大に挙行された。

私は同年五月一日に大会事務局財務部長に就任。残務整理が終了した同年一〇月三一日に退任した。

部長とは名ばかりで、事務局には私たった一人。九州港湾局の会議室を借りた事務局に、連日朝八時より夜八時までの一二時間勤務。国よりの助成金および一般企業からの寄付金計一〇〇〇万円の経理事務に、全力投球の奉仕を行った。

渕上デパート保安課勤務

明治三七年（一九〇四）に三井呉服店が「三越呉服店」と改名、我が国デパート界の草分けとなってから、デパートは全国各地に展開し、今に至っている。高級百貨店のイメージを強く打ち出しているデパートの中で、渕上デパートは稀な「大衆百貨店」として、特異な存在であった。

渕上デパートが先鞭第一号として、福岡市中心街にスーパーユニード天神店を出店、社員募集をしたのを機会に応募した。五〇歳より六〇歳までの条件であったが、マラソンの体力が認められ、枠外の特別採用となった。

海上保安官の所長から早朝警備員への転身。しかもどの職場も若い人ばかり。過去の地位と年齢を一切忘れ去り、当時草分け的存在であったスーパー業界の末端社員に甘んじることとなった。

昭和四八年（一九七三年）六月一日、六二歳にして、天神店保安課勤務の定時社員として正式採用となった。

入社当時、西鉄の電車がストライキの際は、太宰府より福岡の店まで一五キロマラソンを決行。以後も無欠勤を守り抜く。爾来、会社に対する貢献度は、唯一の武器となった。

海上保安庁時代の「守灯精神」を「バイ・ユニード精神」に切り替え、いただく月給の全額をユニード商品の購入に充当、感謝と奉仕の実践に徹した。

石の上にも三年と言われるが、一八〇度転換のスーパー業界へ共白髪の二人三脚、セカンドライフを走り抜く。バイタリティーを創出する「生き甲斐」の戦場となった。

奇しくも、昭和六三年（一九八八）一一月一日の第四〇回灯台記念日は、澪朋会《れいほう》（海上保安庁第七管区海上保安本部灯台部ＯＢ会。初代会長は内芝好秀先輩、私が副会長）が開かれ、ダイエーと合弁した我が社にとっては、プロ野球の「福岡ダイエーホークス」誕生の日となり、三重の喜びとなった。

精神的にも、肉体的にも、ややもすると挫折しそうになったことがしばしばあったが、平成元年（一九八九）一〇月で、ついに、無遅刻無欠勤の勤続一五年。四〇歳以下がほとんどの若者の世界に、明治の生き残りが、従業員一万二〇〇〇人中の最高齢として、「大往生の前日まで働き続ける」理想の人生へまっしぐら。

平成三年（一九九一）六月四日の退職まで、スーパー流通業界通算一七年七カ月の足跡を残した時、奇しくも数え年八〇歳の「第二の定年」となった。

第四部―八〇歳から一〇〇歳まで

愚妻専属のホームヘルパー

在宅介護を目的とする介護保険制度が誕生したのは平成一二年（二〇〇〇）四月。定年を迎え六五歳を超えた子供達が老親を介護する「老々介護」がもっとも自然のパターンであるが、厳しい世相の今日では、必ずしも順調にいくとは限らない。満九〇歳を超えた筆者が、「愚妻専属のホームヘルパー」となった。妻は平成一一年（一九九九）九月二九日、入院。

老人性痴呆症、「要介護五」となっているが、入院より一年半ほど経過してから病状が次第に好転し、笑顔満面連発の「苦しみから楽しみ」の毎日に変転、私の介護に一段の明るさと励みが湧いてきた。

妻は薬はまったく服用せず、絨毯《じゅうたん》こそ敷いてないが、高級ホテル並みに広々として清潔、純白一色の理想の病室に寝起きし、食事時は全員が食堂に集まり病院食をいただくという生活となった。

現在日本にはおよそ一六〇万人、高齢者世帯八世帯に一人の割合で、痴呆のお年寄りがいると言われている。今や痴呆は本人や家族だけの問題ではなく、社会全体が支え合っていくことが必要となり、そのために介護保険制度も誕生した。

病院側は、痴呆の患者に対して、看護士長始めスタッフ一丸となって「縛らない介護」に二四時間体制で取り組んでいただいた。その努力は身をもって痛感し、感謝に堪えない。

病室に取り残された患者の寂しさを紛らわすのに必要なのは、血の通った近親者による「心のケア」である。よく介護者が、「一晩一緒に泊まって欲しい」と訴えているのを見聞した。

私は、家内より先に死んだら後はどうなるかを考え、絶対死なないという信念に燃えた。一年三六五日、無遅刻無欠勤、酷寒酷暑に打ち勝って通院、毎日二回のレコードを最初の二年間で達成した。

夕食の時は次男・保正も病院に立ち寄り、私の代わりに介護を手伝ってくれた。父子共同のホームヘルパーは時に「心のケア」となって笑顔満面となった。

失業者三六〇万人の今日、「愚妻専属のホームヘルパー」として白衣の天使とともに堂々と働ける職場に恵まれ、毎日が生き甲斐の天国を痛感、感謝に堪えない。

（平成一三年一二月六日脱稿）

【追記】

妻・久は容態が急変しわずか三〇分の後に、加療の効なく原因不明のまま平成一四年（二〇〇二）一月二日、昇天、息絶える。一月四日葬儀のうえ、正午お見送りをいただき天国へと旅立つ。享年八六。合掌。

（平成一四年一月六日）

第五部　おんぼろ夫婦の旅日記

第一回　平成四年五月

東京駅

平成四年（一九九二）五月一一日から一七日までの七日間、八一歳の元花婿、七八歳の元花嫁、二人合わせて一五九歳のウルトラ・シルバー・カップルは、ＪＲフルムーン夫婦グリーンパスを後生大事に握りしめて、分刻みのスケジュール、新婚旅行ならぬ、五年遅れの金婚旅行（昭和一一年〈一九三六〉一〇月一四日結婚）を思い立ち、残り少ない「おんぼろ人生」の命の洗濯を決行することとなった。

81歳の元花婿と78歳の元花嫁、５年遅れの金婚旅行（平成4年5月11日）

平均寿命七五歳を六年オーバーの八十路の人間が、はたして七日間の旅行に耐えきれるか心配だったが、我がばら家の屋根瓦（一一五平方メートル）のペンキ塗装（手塗）およびテラス屋根張替（八枚）工事を、誰の力も借りず独力でなしとげたのである。約二〇日間を要し、五月八日完了。体力および気力に自信を深む。

決行に先立ち、五月九日、故・石原裕次郎氏が永久総裁の太宰府メモリアルパーク（三〇〇〇基の霊園）に眠る両親の墓に、旅行中の加護を願った。

二度目の退職願でやっと平成三年（一九九一）六月四日、ダイエーから解放され「毎日が日曜日」、朝寝ができる身分となった代わりに、週一回の墓参りが生活の一部となっていた。

翌五月一〇日、いよいよ明日にせまった出発を控え、自筆証書遺言状を認《したた》め、事故対策に万全を期す。

私にとっては五人娘の中の三女夫妻が、この旅行のガイド並びに看護を務めてくれることとなったため、気の進まない重い腰を上げることとなった。一生に一度の世紀の旅行のつきそいにピッタリの夫婦である。私の三女・萩尾寿美子（五一歳）、看護婦歴三〇年。夫の萩尾明（五六歳）はＪＲ勤務。牛ならぬ、娘夫婦に引かれて善光寺参りの四人旅となる。

一一日（月）七時四三分博多駅発、新幹線「ひかり四号」で一三時三二分東京駅着。

広いシート、二階建て新幹線の高窓から見る、聴く、楽しむ。快適なひとときを味わう好運に恵まれ、雪化粧の富士山は、さすが日本一。夫婦二人分の乗車券、特急券、グリーン券、B寝台車、バスを除くJR全線有効の特典を持つフルムーンの旅費は、しめて金七万五九〇〇円也。

出迎えのために、わざわざ自宅（横浜市港南区下永谷）より駆けつけた五女・岩崎律子（四四歳）と合流。東京駅玄関前にて、記念撮影をする。

律子の夫は東京湾海上交通センターの岩崎茂光（四五歳）。さらに三女・寿美子の長男は水路部の測量船「昭洋」の萩尾努（二五歳）。私が現役時代、全国唯一の「三兄弟海上保安官」ということで話題となったが、二〇年後の今日、今度は、親子三代の海上保安官で一堂に会する「栄光のチャンス」に恵まれることとなる。

振りかえれば、大正一三年（一九二四）一〇月三〇日、宮崎県南那珂郡福島村の尋常高等小学校高等科一年を中退して、東京駅に着いた時は、羽織袴の一四歳の少年だった。皇居前広場には、前年の関東大震災の爪痕をまざまざと見せたバラック（仮小屋）が点在していた。皇居周辺、東京駅玄関は、六七年前の当時とまったく変わらず、懐かしさ一杯の涙が染みる。

陛下のお車さえ馬車だった当時、自動車はまったくなかった。駅前は一三階建の「丸の内ビル」が天を突く。生まれて初めて見る丸ビルは、当時、日本一の高層を誇る景観だった。

今、この広場に立った私は、一四歳から八一歳へと齢を重ねたが、当時日本一の偉容を誇った丸ビルは、高さも広さもまったく変わらない。高層ビルが林立する今日、この長寿も不思議の一語に尽きる。東京駅玄関と同様、昔のままの姿で丸ビルに再会する。大正から昭和、さらに平成へと流れ落ちる時代の水音が聞こえてくる。「死んだら負けだ」。健康第一、長生きした者のみに聞こえてくる特権である。

東京市役所

東京駅到着寸前、左側に見えていた都庁（かつての東京府庁舎および東京市庁舎）はすでに新宿へ移転、影も形もない。正面玄関内にあった徳川家康と太田道灌の銅像は、移転後も昔のまま健在だろうか。近代建築の粋を集めた都庁舎に生まれ変わり、観光名所となっている由であるが、訪れることはできなかった。

観音埼灯台

私達夫婦、岩崎夫妻、萩尾親子、親子三代の海上保安官を含む一族郎党七人が、日本航路標識の嚆矢《こうし》観音埼灯台に平成四年（一九九二）五月一四日、勢揃いできたことはまさに「喜びも悲しみも幾歳月」。

観音埼灯台は、我が国における最初の洋式灯台である。この灯台が起工された明治元年（一八六八）一一月一日（旧暦九月一七日）から起算して八二周年となる昭和二四年（一九四九）一一月一日が第一回灯台記念日と制定された。従って、平成四年（一九九二）は第四四回（一二四周年）灯台記念日となる。

大正一一年四月二六日および翌一二年九月一日の関東大震災で二回建て替えられ、大正一四年六月一日、三代目の灯台が誕生。戦災から免れ、現在に至っている。

ＦＢＳテレビ「今日は何の日」のブラウン管に、観音埼灯台の聖火が光り輝き、全国津々浦々まで、灯台記念日の起こりが電波に乗って放映されることを願ってやまない。

思えば台湾から日本本土へ、絶海の孤島から人煙稀な岬角へ、戦火をくぐり、守り抜いた僻地勤務三二年六カ月!!　灯台史上最高記録を保持する筆者にとっては感

観音埼灯台にて（平成4年5月14日）

激一入《ひとしお》、地位や名誉を乗り越えた健康長寿の喜びをひしひしと噛みしめ味わうことができた。

東京湾海上交通センター

輻輳《ふくそう》する船舶をブラウン管に映し出し、手取り足取りの交通整理、サービス満点の海の交通保安官。外国船には、親切丁寧をモットーとする経済大国日本の海上保安庁。流暢な英語放送に、時代の先端を走る電波業務の片鱗を垣間見る。

観音埼は、神奈川県三浦半島の東端にあり、房総半島の富津《ふっつ》岬と相対し、東京湾口のもっとも狭い水道を形成している。この浦賀水道は幅わずか五・六キロ。まさに船舶にとっては「魔の海峡」。わずか三〇〇メートル離れた地点に、片や一二四年を迎える明治の元老、観音埼灯台、片や昭和五二年（一九七七）二月二五日設置、一五年の若さを誇る新進気鋭のヒーロー、東京湾海上交通センター。

この両雄が対峙する観音埼は、まさに「航路標識発祥のメッカ」と言っても過言でない。

【追記】

長年の夢だった聖地訪問旅行。一族郎党全員打ち揃って参加、ご繁務中にもかかわらず、遠田所長始め、所員皆様の心温まる歓迎をいただき、誠にありがとうございました。誠に僭越でありますが、紙面をお借りして厚くお礼申し上げます。

（平成四年六月一日脱稿）

第二回　平成五年一〇月

二一世紀に懸ける航路標識への夢。私にとっては、この帰巣の思いを失わない限り、未だ青春は消えない。

無限の夢を探求する温故知新の旅を思い立つ。平成五年（一九九三）七月一〇日二一時三〇分、ＮＨＫテレビにて、友ケ島灯台の映像が偶然目に止まった。ビデオに収めるチャンスを失してしまったが、機銃掃射、飛弾の生き残りを知り、かつて私が身をもって体験した台湾澎湖島・北島灯台（「灯光」七、八月号参照）の最期を思い起こし、未知の友ケ島探求の機会を待つ。

昭和二七年（一九五二）一月一六日より昭和三三年（一九五八）七月一四日まで私が在勤した沖の島灯台（福岡県）には、戦時中、陸軍守備隊が守りを固めた弾薬庫跡が数カ所に今でも残り、昼なお暗い原生林に埋もれている。一方、友ケ島灯台は地下に陸軍の弾薬庫があり、「軍と同居しているめずらしい灯台」という解説があった。

天候にも恵まれた平成五年（一九九三）一〇月二九日、昨年五月に続いて第二回目の訪問の旅をスタートした。新幹線ひかり三二号、六時五八分博多発→九時一九分岡山着。こだま五五八号九時二九分岡山発→一〇時一八分西明石着。

それより先の一〇月二六日に満八二歳の老春を迎えたばかりの私と、七八歳の老妻の「おんぼろ夫婦」の介添役は今回も三女夫婦。計四名は、五女（大阪湾海上交通センター情報課長の妻）の先導で明石フェリーに乗り込む。一〇時二五分、明石出発。高さ三〇〇メートルの明石海峡大橋を見上げながら、わずか二五分後の一〇時五〇分、岩屋入港。古代神話「国生みの島淡路島へようこそ‼」というPRが目につく第一歩となった。

江埼灯台

森主任情報官の車と岩崎家の車に分乗させてもらい、一一時五分、江埼灯台着。私達一行四名のためにわざわざお迎えくださった松本淡路島航路標識事務所長のご先導で、問題の階段（二〇〇段の石段）を踏みしめ、這うようにして駆け上った。「危険だから上るな‼」と家内に伝えたが、三女と五女に両腕を引かれながら「ナンダ坂、コンナ坂、ナンダ坂、コンナ坂」を繰り返し、ありし日の僻地勤務三二年の人生を噛みしめながら、一行全員、無事着台。

明治、大正ならいざ知らず、平成の今日までよくこの悪条件に堪え抜いた諸賢に頭が下がる。反面、毎年行われていた視察制度には、誰も改善を求めなかったのだろうか。

車から降りた地点より、約四〇メートル、高い構内の右側に台長官舎一棟と左側に所員（二世帯分）官舎一棟。さらにその奥まった中央に、明治四年（一八七一）四月二七日初点、日本で七番目の洋式灯台、ヘンリー・ブラントンの汗の結晶である江埼灯台が立っている。明治以来、建て替えられることもなく、現存している灯台としては、神子元島灯台、樫野埼灯台についで三番目。松本所長より拝受の「明治年間設置灯塔現存リスト」によると、順位、次の通り。わずか五基である。江戸条約（慶応二年五月および翌三年四月の条約）による「条約灯台」として、航路標識歴史資料館に指定さるべき箇所と愚考する。

神子元島灯台（第一位　明治二年一〇月初点）
樫野埼灯台（第二位　明治三年六月初点）
江埼灯台（第三位　明治四年四月初点）
六連島灯台（第四位　明治四年一一月初点）

友ケ島灯台　（第五位　明治五年六月初点）

海上保安学校を卒業したばかりの若者A、B二君のうち、A君は新装の海交センター勤務となり、B君が二〇〇段の階段を昇らねばならない運命となった場合、B君は、「中途退職」という選択肢を選ばざるを得ないことを想起した。血税の「無駄遣い」とならないうちに、なんとか対策を講じて欲しい。以下、江埼灯台に関する改造案を考える。

●淡路島北端の江崎地区山上二三六メートルの地点にある海上交通センターに移設すれば、近代的な施設となり「一石二鳥」となるが、数少ない貴重な観光資源に結びつかず、せっかくの「明石海峡大橋」が泣く。

●櫛の歯のような危険な石段はセメントで塗り潰し、ステンレス製手摺に挟まれた幅二メートルの石段（動かないエスカレーター階段）を中央に新設し、観光客が安心して楽しめる設備とする。

●宿舎（旧官舎）は一切撤去し、その跡地に観光客用のベンチを設置し、宿舎撤去により残った石材は囲障《いしょう》に転用し、歴史資料館第一号としての整備工事を行う。

●地元淡路島および東浦町、北淡町とタイアップして、紀伊日ノ御埼灯台のような記念碑（江埼灯台の場合、設計者、Ｒ・Ｈ・ブラントン）を建て、花を添える。

古代航路標識

一一五三年前の古代航路標識（「灯光」平成元年一〇月号参照）の役所「大宰府」（現在の海上保安庁）は、まさに大宰府政庁内にある。いずれも福岡県であるが、重厚長大型のハード産業都市・北九州市の衰退に対し、歴史観光のソフト産業都市・太宰府市（近代になって大宰府が太宰府となった）は、毎年飛躍を重ね、人口六万二〇〇〇人で、さらに増加しつつある。

九州歴史資料館に続いて、九州国立博物館（仮称）の建設工事が太宰府市石坂で平成一四年（二〇〇二）四月に着手された。

大阪湾海上交通センター

一〇月二九日、一一時四五分、江埼灯台を後にする。一二時、大阪湾海上交通センターの新天地に到着。明石海峡を眼下に見る。海抜二三六メートルの山上に、東京湾、備讃瀬戸、関門海峡に続いて、七月一日に業務開始したばかりの大阪湾海上交通センター。

すべてが新装の建物。三階屋上に立った時、人口一九万五〇〇〇人の淡路島と人口六万二〇〇〇人の太宰府が、歴史の町として念頭に浮かぶ。明石海峡大橋完成の平成九年（一九九七）に歴史の町が、どう変動するだろうか。

開設に伴う「縁の下の力持ち」のご苦労、謹んで感謝申し上ぐ。

二九年前の対馬ロラン局胎動期、ドロンコ道を通いながらの、毎日の「工事報告」を思い起こす。ちょうど、大阪湾海上交通センター準備室が淡路島航路標識事務所に置かれたのとまったく変わらず、土地買収の交渉の第一歩から始まり、完成と同時に、無縁となる「苦い薬」を味わった。

明石海峡大橋

高さ三〇〇メートルの橋脚にヘリコプターで吊り上げられた仮ロープが取り付けられる架橋工事は、進捗の光景が着々とテレビで放映された。

一日一五〇〇隻の船舶が通過する明石海峡の航路を横断する本州・四国連絡公団による架橋工事が完成の暁には、本州、淡路島、四国が高速道路で結ばれ、陸続きとなるが、観光資源にとぼしい淡路島は、全島挙げて観光に力を入れないと単なる架橋の島となり、観光客が素通りする危険性がある。

友ケ島灯台

一〇月三〇日、お見送りいただいた花里主任情報官とお別れして、介添役の三女夫婦と五女夫婦とともに計六名の一行は、津名出港、加太径由、待望の友ケ島灯台

友ヶ島灯台にて（左から三女夫婦、私、妻、五女夫婦　平成5年10月30日）

に一〇時四五分到着。わざわざおいでくださった藤島和歌山航路標識事務所次長のご案内をいただく。

江埼灯台と同様、九〇センチ回転ビーコン（標識）のレンズ磨拭を二三年振りにさせていただく光栄が身に染み渡る。

松食い虫にまったく侵《おか》されていない、全国でもめずらしい風光明媚《めいび》の友ヶ島は、緑滴《したた》る乙女の黒髪を連想させる松涛《しょうとう》の島、そして野生の鹿とともに生きる共存共栄の島だ。また私にとっては、台湾本土より一〇〇キロ離れた絶海の孤島にあった初任地、台湾アジンコート灯台の放し飼いの五〇〇頭の黒野羊を想起させる夢の島。

友ケ島は、紀伊半島の西端と淡路島の南東端の間にある友ケ島水道に散在する地の島、神島、沖の島、虎島の四島の総称で、古くは「苫ケ島《とま》」と称した。四世紀後半、神功《じんぐう》皇后が朝鮮からの帰途、時化《しけ》に遭い、苫を海に投げ、その流れの方向に船を向け、小島に無事漂着したことからその名になったと言い伝えられる。

苫ケ島灯台は、明治五年（一八七二）六月二五日に初点、江埼灯台に次いで五番目の洋式灯台。同じくブラントンの汗の結晶であるが、大正三年（一九一四）七月二四日、友ケ島灯台と改称され今日に至っている。

明治三二年（一八九九）、法律第一〇五号により「要塞地帯法」が公布され、友ケ島全島が要塞地帯に指定され、陸軍の第一砲台が築かれることとなったため、陸軍の命により、苫ケ島灯台は、東方二五メートルの地点に移転させられる。移転工事は明治二三年（一八九〇）二月二二日より同年八月五日まで約七カ月を要した。日露戦争により、第一砲台の加農砲四門ははるばる大陸に渡り、明治二七年（一八九四）二月二四日、旅順の二〇三高地攻略戦に参加し、攻撃重砲として威力を発揮したが、第二砲台はついに一度も実戦に使われず、今次の終戦とともに解体撤去の運命を辿った。

友ケ島の要塞地帯指定は終戦直前まで続き、灯台歴代職員の人知れぬご苦労は、交通不便の離島に加え、言語に絶するものがある。島内には要所に砲台陣地跡や四通八達の軍用道路、それに沿って散在する地下壕、弾薬庫、兵舎の跡が草深く埋もれている。昭和二〇年（一九四五）三月一九日、二回にわたり、米軍艦載機の機銃掃射を浴び、レンズなどの一部に被害を受け、一時消灯のやむなきに至ったが、終戦直後の八月一六日、再び点灯復旧した。

昭和二七年（一九五二）四月三〇日、自家発電装置に改良され、無人灯台となったが、故障信号を受信すると直ちに和歌山航路標識事務所より出動する見回り方式となっている。

紀伊日ノ御埼灯台

介添役を四女夫婦村松荘一（五二歳）、妻・厚子（四六歳）にバトンタッチして、一〇月三一日、紀伊水道に突出している紀伊半島西端の紀伊日ノ御埼灯台へ一四時三〇分到着。私達「おんぼろ夫婦」の到着を待っていてくださった宮永忠ご夫妻と「健在の再会」に恵まれ、灯台の構内で固い握手を交わすことができ、長寿の喜びを噛みしめる。

奇石、怪石が散在する標高一四〇メートルの岬からの展望は、茫洋として海の彼方に淡路島、四国の連山が浮かぶ。

紀伊日ノ御埼灯台は明治二八年（一八九五）一月二五日の初点。昭和二〇年七月二一日と三〇日の両日、米軍機動部隊の艦載機の攻撃を受け、二度目には爆弾が命中、燃料庫に引火、全焼した。現在の灯台は、昭和二六年（一九五一）七月一日、

紀伊日ノ御埼灯台で（左から宮永忠氏、私、妻、四女・厚子、宮永夫人　平成5年10月）

旧海軍警備所跡に再建されたもので、西側約五〇メートルへだたった所に旧灯台の基礎が残っている。

市江埼灯台とともに昭和五一年度の工事により、機器は自動化され、昭和五二年（一九七七）四月一八日をもって、新設の田辺航路標識事務所の管理となり、無人灯台となる。ここに明治二八年以来八二年にわたる灯台歴代職員、家族の忍苦の歴史は終わった。

ここには特筆すべき二つの悲話がある。

一つは、戦中戦後にわたって紀伊日ノ御埼灯台を守り抜いた灯台長、内田十二氏の悲劇。俳号を稲人という。激しい空襲にも耐え、訪れた平和もこの僻地に住む彼とその家族には幸せをもたらさなかった。昭和二〇年一一月、終戦直後の食糧窮乏の中になす術なく、わずか一〇日余りの間に妻、長女、三女を赤痢で失った。

高浜虚子は、家族を失った悲しみに耐え、灯台を守り続ける灯台長の心情を憐れみ、「妻、長女、三女それぞれ啼く千鳥」と哀悼の句を捧げた。彼は「妻、長女、三女の千鳥飛んで来よ」と詠み、この二句は後に句碑に刻まれ、灯台を訪れた多くの人の涙を誘っている。

もう一つは、昭和三二（一九五七）年二月一〇日、季節風の吹き荒れる暗夜、紀伊日ノ御埼沖を西に向かう一隻の船、デンマーク・メルスクライン社のエレン・マーク号の悲劇。名古屋から神戸に向かう途中、日ノ御埼の北北西五海里を航行中、二一時四〇分、火災を起こして救助を求めている一人乗りの漁船を発見した。

時化の中、危険を冒して救助に当たった。漁師は一度は救助ロープにつかまったが、力尽きて海中に消えた。これを見たヨハネス・クヌッセン機関長は冬の荒波に飛びこみ救助しようとしたが、風速二〇メートルの荒海は二人の命を奪ってしまった。翌朝、クヌッセン機関長の遺体は近くの田杭《たくい》の浜に揚がった。

国境を越えたうるわしい勇敢な行為は人々の心を打ち、海を見下ろす灯台構外に、クヌッセン機関長の顕彰碑と彼の胸像が建立され、毎年二月一〇日には地元有志による慰霊祭が行われている。

灯台を見下ろす高台にアメリカ村資料館がある。老朽のため来年建て替えられる機会に、灯台歴史資料館を同居させて欲しい。

（平成五年一一月二五日脱稿）

第三回　平成七年一一月

長崎県島原半島の普賢《ふげん》岳（一三五九メートル）、妙見岳（一三三四メートル）、国見岳（一三四一メートル）は互いに寄り合って、雲仙岳と呼ばれている。

寛政四年（一七九二）島原市後方の眉《まゆ》山（八一九メートル）が雲仙岳爆発の余波を受け、島原湾に崩れ落ちた。山の約半分が崩れたため、死者一万五〇〇〇余人、さらに大津波によって対岸の熊本側では、五〇〇〇人の死者が出た。

前記災害より一九八年目の平成二年一一月一七日、普賢岳は大爆発を起こし、溶岩ドームの隆起によって高さ一四八五メートルとなる。本年一一月一七日で満五年を迎えたが、埋もれた民家は放置され、復興は未だ完了していない。

本年一一月五日、五年前からの夢であった島原および雲仙への歴史探訪の旅を、三女夫婦の助けを借りて実行する運びとなった。大牟田からバス一五分で三池港着。そこから高速船五〇分で、島原港着。雲仙、富貴屋旅館一泊。翌六日、帰宅した。

島原半島は、擂鉢を伏せたような人間のグロテスクな頭蓋骨の形をした、平地のきわめて少ない山間僻地である。米があまり取れず、魚は獲れても、交通不便のためそれを売ることができなかった。とりわけ半島南部は、米の代わりに芋を植えることで生き延びるしか術がなかった。

キリスト教のポルトガル人宣教師は、この地に足を踏み入れ、平等思想を説き、貧しい者には食物を与え、病める者には薬を与えた。キリシタンの渡来は天文一八年（一五四九）フランシスコ・ザビエルがポルトガル船に便乗して鹿児島に上陸したのが始まりで、その後、平戸へ布教している。加津佐や口之津は特にキリスト教の拠点となり、農民達は熱烈な信者となった。

島原城にて。左は三女（平成7年11月）

しかし天正一五年（一五八七）、豊臣秀吉はキリスト教の布教を禁止する。慶長一七年（一六一二）には徳川家康もキリシタンの禁止を発令している。信者達は、以後は「隠れキリシタン」となって地下へ潜んだ。

天草四郎時貞（洗礼名ジェロニモ）は、大矢野島にいた小西行長の遺臣・益田甚兵衛の子で、当年とってわずか一五歳の美少年であったが、天が遣わした神童として反乱軍の総帥に祭り上げられた。実戦の指揮は父・甚兵衛が取った。

関ケ原、大坂の陣で主君を失った浪人や有馬貴純（明応五年＝一四九六年、原城を築いた人物）、小西行長の旧臣達は、百姓達の動揺につけ入り反乱の先鋒となった。信徒領民は、老若男女合わせて三万七〇〇〇人。一種の宗教一揆の様相を帯び、キリシタンの旗の下に「領主」松倉重政とその子、勝家の悪政とキリシタン弾圧に反抗する農民が決起した。また、これらとは別に、幕府打倒を狙う浪人の集団も乗じて一丸となった。

動乱の発火点は、領民の礼拝しているキリストの画像を役人が破り、燃やしてしまったことに始まる。寛永一四年（一六三七）一〇月二五日、まず有馬村の代官を殺し、島原半島南半部、千々島から三重まで、一三箇村の農民が蜂起した。

反乱はたちまち島原全土に広まり、翌一〇月二六日には松倉重政の居城である島原城を包囲した。島原城は、松倉重政により元和四年（一六一八）より七年三カ月を要し築城された。反乱が起きてわずか一日にして島原城を包囲した一揆勢は、さらに口之津にあった松倉藩の蔵から鉄砲五〇〇挺、銃弾七箱、火薬二五箱、兵糧五〇〇〇石を奪う。

一方、一一月一四日、小西行長の遺臣、大矢野松右衛門、千束善左衛門、森宗意軒らが主導する天草上津浦で発生した反乱は一気に本渡《ほんど》へ向かい、本渡の陣を破り、さらに領主・寺沢広高（慶長九年＝一六〇四年、岬の丘に富岡城を築城した人物）の居城、富岡城に迫った。

こうして島原城と富岡城は反乱軍に包囲されたが、結局、一カ月たってもついに落ちなかった。諸藩からの幕府軍が続々と西下の報が入り、反乱軍は合流して、一九年間も廃城となっていた原城へと集結、天草四郎を中心に籠城することになった。

島原半島の南端、高さ三〇メートルにおよぶ切り立った断崖が続く大地の原城は、背後は雲仙、前方は天草諸島が浮かぶ、三方が有明海に面した天然の城塞となっている。原城の修復は一二月一日より始まった。まず井戸を掘り、城の外に堀をめぐらし、内側に壕を掘って弾よけとした。塀には二歩ごとに銃眼を設け、城内通行のため地下道を掘った。一二月三日、総大将天草四郎時貞が入城。全軍が終結したのは十二月八日と言われる。

幕府は単なる農民一揆と見て板倉重昌を征伐にやったが、事の重大さに気づき、さらに第二軍として老中・松平信綱に鎮圧を命じた。一二月一〇日、近隣諸藩の援軍を得て重昌は第一回の攻撃、さらに一二月二〇日、第二回の攻撃をかけたが、二回とも失敗。松平軍の到着が迫った寛永一五年（一六三八）元旦、武士の面目をかけて第三回の総攻撃をかけたが、利あらず、重昌は戦死、幕府軍死者は三回の攻撃で三八〇〇名に達する惨敗を喫した。それに対し、反乱軍の死者は一七名。以後、幕府軍は一二万五八〇〇余に増強し、原城を包囲して、兵糧《ひょうろう》攻めの作戦を取った。

幕府軍総大将・板倉重昌はすでに亡く、新たな総大将として二月一日着任した松平信綱は、すでに包囲して三カ月経過、反乱軍の矢弾、食糧が底をついていることを反乱軍の山田右衛門作の裏切りによって知り、総攻撃の日が決まった。

同年二月二七日、原城の二の丸から火の手が上がった。矢弾の尽きていた反乱軍は、多くは素手で戦い、幕府軍は老人、女、子供を問わず、倒れた者の首を次々と斬っていった。二日におよんだ戦いは二八日正午、ただ一人を残して反乱軍全員の玉砕をもって終わった。

ただ一人生き残ったのは、裏切りが発覚し、城中に捕われの身となっていた山田右衛門作だけである。乱後、右衛門作は江戸に上り、南蛮絵師となった。絵を描くかたわら切支丹目明しとなったが、再びキリスト教を布教したため禁固を命ぜられた。晩年は長崎で過ごし八〇歳の一生を終えたが、彼の裏切りは今もって謎に包まれている。

原城本丸跡に建てられた十字架は、亡き三万七〇〇〇の霊を導くよう、天に輝いている。

（平成七年一二月六日脱稿）

第六部——灯火《ともしび》の過去と未来

神前に備える灯明《とうみょう》も、また、誕生祝の蝋燭の火も、ともに灯火には違いないが、これとは別に、もっとスケールの大きい灯火、海上保安庁所管の日本航路標識について、台湾より日本までの僻地を転々とした守灯一路、三七年の体験をもとに、将来への期待を込めて、述べてみたい。

航路標識の種類

航路標識は、光波標識、電波標識、音波標識の三つに分類される。専門的なことは別にして、一般の人にもっとも親しまれている「灯台」は、どれに当たるのだろうか。

光波標識は、灯台、灯標、導灯、灯浮標と、さらに細かく分類されている。

「お父さん。英語の先生に教わったんだけど、灯台のことを英語ではライトハウスと言うそうだよ。お父さんが、魚を釣ってきてはよく自慢する釣場の防波堤灯台には家らしいものは何もないのに、ハウスとは納得できないけど……」

子供にそう問われて、英和大辞典を開いてみることにした。ライトハウス＝灯明台、灯台と訳されているので、どちらが正解だろうか。

灯明台はもちろん現存せず、したがって死語と言えるが、現在灯台と呼ばれているものは無人灯台、つまりライトハウスのライトだけが残り、人の住んでいたハウスは皆無となってしまった。したがって、当然、「灯標」と改正すべきであるが、一三四年の長い間、観光名所として親しまれてきた「灯台」の名称が捨て難く、旧態依然として放置されているために、誤解を招きやすい。

灯台は、次の通り、変遷している。

烽火《ほうか》（別名飛ぶ火）――烽火台《のろしだい》――灯明台――灯台――灯標

なお、前述のハウスに住んでいた人を灯台守（ハウスキーパー）と俗に言われていたが、正式には灯台看守、その長を看守長と称した。昭和一三年（一九三八）、標識技師と変わり、さらに昭和二二年（一九四七）、運輸技官、翌二三年、海上保安庁新設とともに海上保安官となって現在に至っている国家公務員である。

したがって灯台守という言葉は、昭和一三年以後は完全に死語となってしまったが、灯台という言葉は未だに灯台部長、灯台課長という時代遅れの職名が残存している以上、死語とは言い切れない。

航路標識の起源

全国を統一した大和朝廷の天皇は四世紀から六世紀に至る間、たびたび兵を朝鮮に送り、朝鮮半島南部の任那《みまな》を日本の植民地として、強大な権益をもって、新羅《しらぎ》、百済《くだら》、高句麗《こうくり》の三国を制していたが、六世紀の後半（五六二年）任那は新羅に奪取され、長年続いた植民地を失った。

七世紀に入って、新羅はますます強力になり、新しく中国大陸を制覇した唐と結んで、さらに百済、高句麗を征服しようとした。

この時（六六三年）天智天皇は、百済の要請により救援軍を送ったが、ついに利あらず、白村江《はくすきのえ》（今の錦江下流）で失敗し、百済、高句麗ともに亡び、新羅はついに朝鮮半島を統一した。

これで、日本と新羅との関係は決定的に悪化した。今度は反対に唐、新羅が外敵の日本本土に侵攻してくるのを恐れなければならなくなり、大和朝廷は急いで防備の態勢を固めた。敗戦の翌年（六六四年）、現在の福岡県太宰府市、都府楼の南西側に延々一・二キロの水城《みずき》という大堤防を築き、筑紫大宰という役所を那大津（現在の福岡市南区三宅）より、現在の都府楼跡地に移し、さらに、対馬、壱岐、筑紫に防人《さきもり》（辺境防備の兵）を置き、烽火を設け、防備を固めた。

したがってこの年、大宰府政庁即ち都府楼が建設されたことになるので、航路標識の起源は都府楼の起源と一致し、今より一三三八年前に遡《さかのぼ》る。

烽火台

古代の大陸進出への水路を考える時、那大津を根拠地として、南鮮の句邪韓国《くやかん》(後の任那)が前進基地であった時代、次の三つの線があった。

那の大津、宗像の津(津屋崎)唐津を船出し、壱岐から津島(対馬)の島陰を伝い南鮮に渡る。好天と順風に恵まれた時は一息に直行できるが、多くは壱岐や津島の港に立ち寄った。逆風の時は、幾日も幾日も、風本(壱岐の勝本)や浅茅浦(浅海湾)に、また、和弐津(対馬上県郡鰐浦)の浦で船泊まりした。

任那が亡んだ七世紀以後は、一衣帯水の津島は平和の日には海路の要津となり、文化交流の掛け橋となったが、一旦、国交が険悪になり、平和が破れると防衛の最前線と化した。

天智天皇の四年(六六四年)対馬に防人を送り、烽火を置いた時、千俵蒔《まき》山(現

烽火台配置図

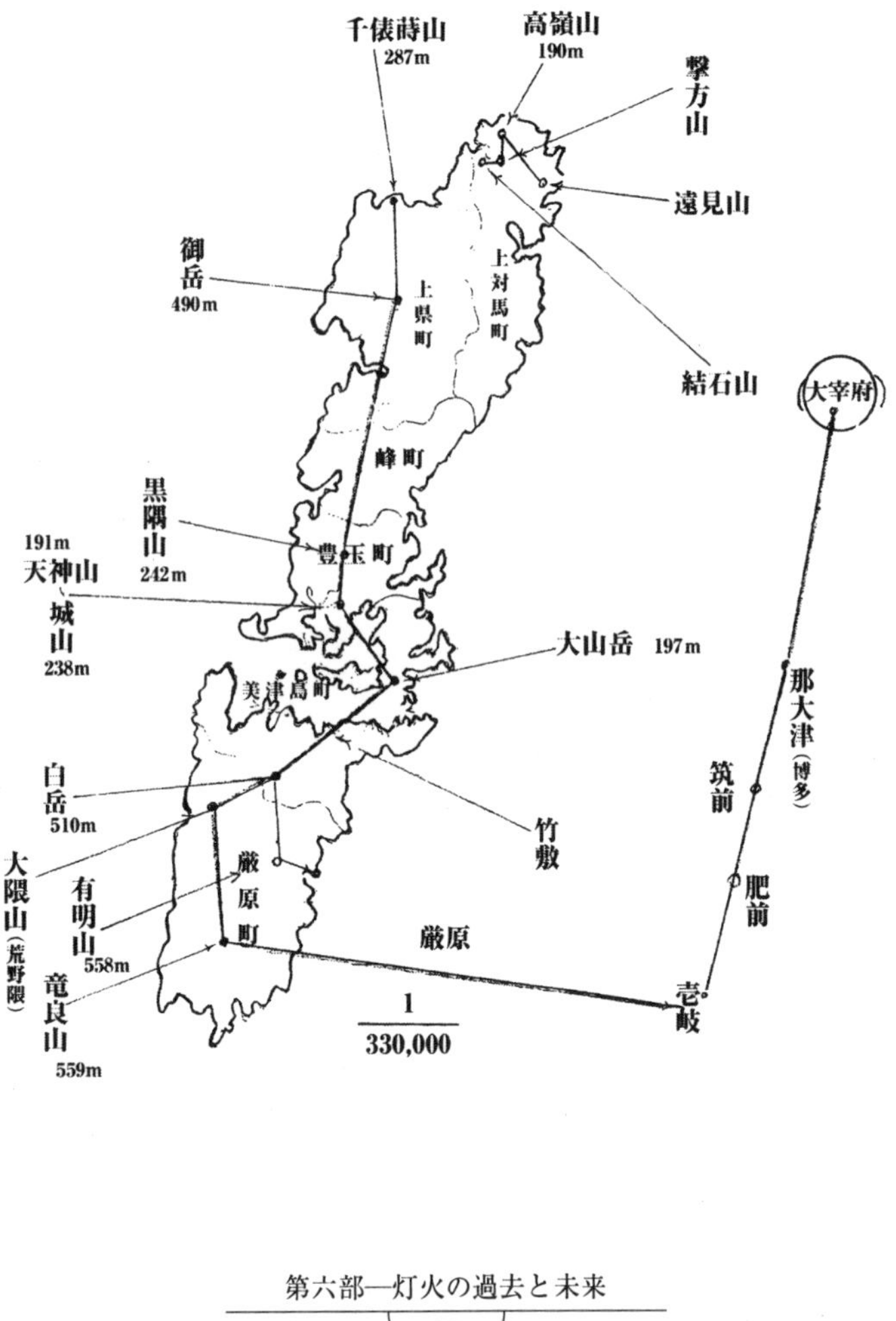
千俵蒔山
287m
高嶺山
190m
撃方山
遠見山
御岳
490m
上県町
上対馬町
結石山
大宰府
峰町
黒隅山
242m
191m
天神山
豊玉町
城山
238m
大山岳
197m
美津島町
那大津(博多)
筑前
白岳
510m
竹敷
大隈山(荒野隈)
有明山
558m
厳原町
厳原
肥前
竜良山
559m
壱岐
1
330,000

在の長崎県上県《かみあがた》郡上県町。標高二八七メートル）に上津軍団の主力が集中し、烽火リレーの起点が設置されたという。

海の彼方に異変を見た時、この山頂に烽火をあげる。この狼煙《のろし》を見て、御岳（上県町。標高四九〇メートル）が中継し、黒隈山（豊玉町。標高二四二メートル）、天神山（豊玉町。標高一九一メートル）、大山《おやま》岳（＝浅茅山。峰町。標高一九六メートル）、白岳（美津島町。標高五一九メートル）、荒野隈（厳原町。標高五五八メートル）、竜良《たてら》山（厳原町。標高五五九メートル）と島を南北に貫く幹線八烽を経て壱岐にリレー、さらに肥前（佐賀県、長崎県）、筑後（福岡県）を経て、大宰府政庁に急報する仕組みであった。

承和五年（八三八）第一七次遣唐大使、大宰大弐《だいに》、藤原常嗣《つねつぐ》の一行は順風がなかったので三日間停泊の上、六月一七日夜半、那の大津を第一、第二、第三の三船が出帆した。ところが第二船は副使が病気となり取り止め、第三船は出帆後たちまち遭難、第一船のみ、無事入唐した。

承和六年（八三九）目的を果した大使一行は、新羅船九艘を傭い帰還の途中、僚船離散し、一船だけ同年八月、無事帰還した。残り七艘は、同年八月、肥前の国に漂着、最後の一船は、翌七月四月、辛うじて大隅に漂着した。

第一七次遣唐使一行の出発より帰還までの二年間、外敵防備に設けた烽火を漂流船の目標として、大きな成果を挙げるに至った。これがきっかけとなって、朝廷では大宰府に命じて、各地の烽火を強化させた。昼は煙をあげ、夜は篝火《かがりび》を焚き、通過船の目標とした。

これが、記録として残る我が国の烽火台の初めである。

対馬の千俵蒔山は、烽火リレーの起点として、また航路標識の嚆矢という光輝ある歴史を秘めたまま埋もれていたが、太古の眠りから醒めて、デッカ（電波標識）のアンテナが天を突く、科学の最高峰として生まれ変わった。奇しくも、灯台一〇〇年祭の行われた昭和四三年（一九六八）一一月一日の七日後と聞く。

灯明台

灯台の前身である灯明台は、我が国独自の和式建築様式である。

慶長元年（一五九六）勘定奉行所管の浦賀灯明台は、相模の国、浦賀港千代埼に設置され、さらに慶長一〇年（一六〇五）小倉藩主、細川忠興が領国、豊後の国、姫島に石積の灯明台（篝火台ともいう）を設けた。さらに寛文一二年（一六七二）志摩国、管島に灯明台が設けられた。

当初は公設灯明台で、灯税によって維持されていた。その後、私設灯明台が増加し、船主より維持費を徴収することとなった。そこで船主達の不満が続発し、このため明治一八年（一八八五）六月、太政官布達をもって、灯明台の私設が禁じられることとなり、約三〇〇年続いた灯明台は姿を消すに至った。

灯台

江戸時代末期に至り、外国船の来航がしばらく頻繁になり、幕府もついに開港のやむなきに至った。

慶応二年（一八六六）五月、イギリス、フランス、アメリカ、オランダの四カ国と日本とが結んだ江戸条約第一一条により、幕府は観音埼（神奈川県）、剣埼（同）、野島埼（千葉県）、神子元島（静岡県）、樫野埼（和歌山県）、潮岬（同）、伊王島（長崎県）、佐多岬（鹿児島県）の八カ所の灯台建設の要求を受諾した。

まず、外国船が頻繁に出入りする東京湾口の観音埼灯台の建設を急ぐこととなり、フランス人、ヴェルニーにフランス製の機械を注文し、その建設工事を担当させた。

明治元年（一八六八）一一月一日着工、翌二年二月一一日、レンガ造りの四角形、白色塗りの日本最初の洋式灯台が誕生し、暗黒の東京湾に、最初の光が点ぜられた。

この観音埼灯台建設工事着工の日から数えて、昭和二四年（一九四九）一一月一日が、ちょうど八〇周年に当たるのを機会に、同日を第一回「灯台記念日」と制定した。

平成一三年は第五三回灯台記念日となるが、近年はこれを廃止し、一一三三周年灯台記念日と変更された。

喜びも悲しみも幾歳月

巨匠、木下恵介監督作品『新・喜びも悲しみも幾歳月』の試写会へ招待の栄をいただき、昭和六一年（一九八六）六月二六日、午後四時、入場第一番で、福岡郵便貯金会館（福岡市中央区薬院）ホールへ、夫婦揃って参上した。映写開始一八時三〇分。見る見る間に収容定員一二六〇名のホールは埋め尽くされる盛況となった。

ユニード友の会会員招待観劇会は、従来の例では、大多数が中年以上の婦人であったのに反し、今回の映画試写会はほとんど二〇代から三〇代の若い女性で彩られた。ヤングパワーに人気の焦点を見出す意外な体験となり、心強く思われた。

昭和四七年（一九七二）三月、有人灯台が世界より消え失せて三一年。もはや灯台とは「無縁の者」となり果て、喜びも悲しみも過去の思い出となってしまっただけに、スクリーンいっぱいに映し出される「白亜の塔」（白い灯台）は若き日の灯台一年生当時の記憶が、泉のように湧き出でる。近く金婚五〇年を迎える私達夫婦にとっては、まさにタイムマシンに乗って過去に遡ったような感激であった。

木下恵介監督の原作・脚本によった『喜びも悲しみも幾歳月』は、二九年ぶりに生まれ変わり、時代に即応した名画となった。灯台守が「灯台マン」と名称を変え、制服、階級章も変わり、カラッと明るい「海の男」のイメージを与えている。

海上保安学校、海上保安大学校がスクリーンいっぱいに映し出された。教育の現状が矢継ぎ早の齣で進められ、アッという間に終わってしまった。

五〇年前の私達の時代には、逓信省灯台局灯台看守業務伝習所と称し、わずか半年の修業年限しかなかった。しかし、私は電波標識の胎動に乗り遅れないために、一切、独学にて、新任（当時は任官と言った）二年目の昭和一二年（一九三七）八月、第三級無線通信士国家試験に合格した。その後、思いもしなかった敗戦により、台湾の灯台（台湾総督府所管）を追われ、日本の灯台（逓信省灯台局所管）への再就職後、電波法制定の二年目、昭和二四年（一九四九）三月、第二級無線通信士国家試験にも合格した。七人の子女を養うための手段として頑張ったが、その時すでに三八歳の中年となっていた。

航路標識の脱皮

昭和四六年（一九七一）六月、現役最後の所長会議の際、次の事項を願ったが、あれから一五年の歳月が流れているにもかかわらず、ほとんど進展が見られない。

演説要旨、次の通り。

「本年は私達の憧れの的であった海上保安大学校が設置されて満二〇年、また、小職にとって所長在職二〇年の年となります。

私は今より二〇年前、当時、『灯台長』と言っておりましたが、台長一年生として初めてこの席に出席させていただいた時、第一声にて、無線従事者の待遇改善と海上保安大学灯台科の設置を強く要望いたしました。以後、自ら、この大学の門をくぐりたいと情熱を燃やしておりましたが、ついにその日は来たらず、後九カ月にて海上保安庁から永久に消えなければならないこととなりました。なんとも後髪を引かれるような気がしてなりません。

昭和四四年（一九六九）七月二一日、午前一一時五六分、三八万キロの電波チェックに成功して、月へ人類が初の第一歩を記しましたが、わずかその二年後の昭和四六年（一九七一）六月八日には、有人宇宙基地ステーション、サリュートが誕生を見ました。

日進月歩を乗り越えて、時々刻々、秒読みのスピードで飛躍する科学の時代において、我が航路標識界は、ロラン、デッカ、オメガーの電波標識の一部の前進はあっても、多数を占める光波標識には、旧態依然としている感を深くします。

本席は、小職にとっては、最後の所長会議となりますので、単なる要望ではなく、今後どうなるか、過去三七年間の現場一筋に鍛えてきた体験をもとに、はなはだ僭越ではありますが、二つの予言をしてみたいと思います。

その第一は、『電波標識』という日本語が辞書から抹消されるであろうこと。石油ランプ、正式に言うと『石油蒸発白熱灯』が代表的光波標識であった五〇年前は、光波標識に対し電波標識の台頭は至極自然でありましたが、現在の光波標識には石油ランプはまったく見ることはできません。現在の光波標識は電波こそ発射しませんが、電波標識とまったく同様の部品が使用され、年々改良に改良を重ね、複雑多岐になってきています。

小型の防波堤灯台は、どこの港にも必ずといってよいくらい、一基ないし二基以上が増設されるに至りました。これらは、陸からの管理が容易な箇所は、電力会社へ移管すべき時がやってきたと思います。絶海の孤島の灯台、たとえば福岡県大島村の沖の島灯台とか、荒れ狂う岩礁に建てられた灯標、たとえば佐賀県の貝瀬灯標といった、海上保安庁でなくては絶対に管理不能の標識も、今後の航路標識として生き残るべきものと考えます。

もちろん、これに対して灯台業務用船のオペレーションルームあるいは航路標識事務所からの『電波の手』によるリモコン操作で、定期点検および応急修理可能な『電波チェック方式』に体質改善を断行するべきでしょう。

この結果、『電波標識にあらざるものは航路標識にあらず』という結論に達し、電波標識なる言葉は自然消滅となる次第です。

予言の第二は、海上保安大学校灯台科が誕生するであろうということです。

電波チェック時代到来の暁には、全員が無線技術士の資格が絶対に必要となるばかりでなく、自家用車を乗り回すと同様に灯台業務用船（約五〇トン）をも運航できる二刀も三刀も使える資格者が要求されることとなります。それには、現在の保安大学校に、無線従事者と乙種程度の船長並びに機関長の資格が付与される灯台科（航路標識科が正当）が必要となるでしょう。

灯台業務用船よりの電波チェックが実現すると、ローリング（横揺れ）およびピッチング（縦揺れ）の交錯するブイ（灯浮標）独特の船酔いの苦しみに堪えながらの作業もなくなり、高い灯塔（灯台）の上の危険な作業からも解放されます。多少の荒天でも影響を受けず、昼夜の別なくチェックできるので、能率向上は火を見るより明らかであります。反面、従来の人を中心とした集約管理から、施設を中心とした大集約管理に第一歩を踏み出すこととなるでしょう。

大集約の結果、人員整理の問題が当然考えられますが、現業職員の再教育が重要課題となります。したがって新設される大学灯台科には、現役職員を優先して採用していただき、少しでも夢を持てる職場の樹立をお願いしたい。

高度の電波技術が要求される大規模航路標識事務所の指導監督の任に当たる所長には、行政手腕はもちろん、さらに電波技術のエキスパートでなくてはならないと思います。

ヤングパワーに夢を与えることは、今後の航路標識発展に大なる貢献をもたらすものであることを深くご諒察の上、大学灯台科の設置、並びに適正な人事について、なお一層のご配慮をお願いいいたします。

昭和四六年六月六日　呼子航路標識事務所長」

結び

「灯台下《もと》暗し」の諺の通り、お膝元からは地球は丸く見えず、大平原に過ぎない。それと同じように、一旦立場を変えて、外界から航路標識を見た場合、次の矛盾を感じざるを得ない。

灯台部長の職名

組織表の「灯台部長――灯台長――灯台看守（俗称、灯台守）」についてはわかりやすいが、戦前といえども、灯台部長の職名はなかった。標識部長とするのが、もっとも自然であり、わかりやすい。

航路標識事務所の名称

ロラン、デッカ、オメガー（いずれも電波標識）が誕生して二〇年以上が経過する今日、海上航路だけではなく空路標識（航空標識）でもあり得るので、単に「標識事務所」にしたほうが一般人には納得容易である。

組織の統廃合

本庁（海上保安庁）の電波標識課は工務課へ統合し、地方の保安部灯台課は標識事務所へ集約する。

昇任試験の断行

主任、係長、課長、次長、所長について、お手盛人事を打破し、公正な試験によって昇任および昇格を決す。

人間の脳細胞は推定一四〇億個と言われるが、二〇歳を過ぎたら、年間約五〇〇〇万個が死滅すると言われ、決して増えることはない。したがって人間の能力はいつまでも一定でなく、四〇歳頃を境に急激に老化し、個人差は年毎に激しくなると言われる。今日、昇任試験は官・民ともに現代の常識である。

新聞、テレビで報道の通り、余剰人員六万人を抱える国鉄（現ＪＲ）は、三カ月後には「分割民営」の大手術が断行される運命にあることを思う時、国鉄同様、百年の歴史を誇る航路標識界もそれを「他山の石」とせず、贅肉を切り落とす時期の到来を痛感する。

行政改革か、増税か二者択一を迫られている国家財政は、ややもすると「親方日の丸」意識の惰性に押し流され、今までの行政改革の努力が水泡に帰することになりかねない。

【追記】

①独立官署として「白亜の殿堂」と称された灯台は、昔の夢。訪れても誰もいない。

灯台守の墓場と化し、『喜びも悲しみも幾歳月』の感動はもう生まれない。

②僻地、恩給加算制度は昭和四四年（一九六九）三月三一日廃止された。「灯台職員の拝謁《はいえつ》制度」もいつまで続くか、曲がり角にきている。

（平成一四年七月五日脱稿）

台湾当時の先輩と再会

還暦同窓会に出席した娘により、終戦当時の灯台長・吉村英雄先輩の健在が判明、早速電話連絡の上、急遽先輩の誕生日に当たる平成一三年一一月一〇日に訪問することになった。

敗戦により台湾総督府は消滅、私達も自然退官を余儀なくされ、裸一貫の運命となった。まさに青天の霹靂《へきれき》、国敗れて山河あり。失意のドン底にありながら、生き延びるために、食糧難の郷里・宮崎県福島村に妻、子女五人計六人とともに引き揚げざるを得ない運命となった。

あれから五六年。白寿の灯台長と卒寿の台員（私）は、半世紀ぶりに歴史的な再会を遂げることとなった。

便せん六枚の手紙を認《したた》め、五冊のアルバムを用意、さらに心ばかりの「白寿祝」

を準備した。前日の九日は雨となり、翌日の天候が危ぶまれたが、幸いにも雲一つない晴天に恵まれ良き日となった。

次男の運転する車に乗って出発。父子二人が高速道路を突っ走り、約一時間後の午前一〇時、目的地の福岡県福間町上西郷の「水光園」に到着した。

五六年前の終戦時に別れたきりのかつての三貂角灯台長・吉村先輩（当時四三歳）の面影はまったく変わらず、まさに数え年一〇〇歳というのに、持ち前の気骨頑固な「守灯精神」の片鱗が未だにうかがえる。

残念ながら緑内障による弱視のため、用意した手紙、アルバムを見ていただきながら昔話に花を咲かせることこそできなかったが、私の手を力強く握りしめていただき、二人とも心で男泣きした。先輩はこう挨拶された。

「本日は私の誕生日に遠いところからわざわざのご足労、感謝に堪えない。こんなうれしい白寿が迎えられようとは、夢想だにしなかったよ」

先輩は三〇年前に奥様に先立たれ、一人暮らしを断行、意志の強さは相変わらずで、「守灯精神」をひしひしと感じ取った。

終戦後、先輩は日本本土へ引き揚げ後は灯台には就職されず、福岡市西新町（現在の相良区）の繁華街にてカメラ店を独立開業された。一方、私は灯台局にお願いして石川県の舳倉島灯台に就職、先輩とは別離の人生を歩くことになったのである。

夢

第二の定年八〇歳でダイエーを去った平成三年（一九九一）六月四日、ほぼ時を同じくしてバブル経済は崩壊した。私にとっては、偶然とは言え千載一遇の恵まれたチャンス。今が潔く引退の潮時、感慨深い思い出となった。

IT革命雑感

一九九〇年代のアメリカでは、ＩＴ産業によってかつてない好景気が巻き起こった。反面、日本では泥沼の長期不況に巻きこまれた矢先、アメリカから「ＩＴ」という、なんとも得体の知れない台風が押し寄せてきた。

Ｉとは（Information）、Ｔとは（Technology）、訳して「情報技術」といっても簡単には納得できない。従来の技術や工学よりも、広い意味の科学技術の由である。

従来の日本型生産システム（終身雇用、年功序列）に対し米国型（自由競争、能力主義）システムに移行しなくてはならないＩＴ革命時代が到来した。

灯光会

一三四年の伝統を誇る白亜の殿堂（灯台）は、航行援助センターの海上保安部への吸収合併によって消滅し、早晩残りの航路標識事務所も「風前の灯」となることは、時代の流れといわれながらもＯＢの私は、身を切られる寂しさを痛感せざるを得ない。

思えば、私は昭和六三年（一九八八）一一月より、平成七年（一九九五）八月までの七年間澪朋会（第七管区海上保安本部所属）第二代目の会長となって、シルバー人材センターの設立に全力を尽くしたが機熟せず、ついに挫折の苦い経験を持つ。

母なる大地、心の古里である「灯光会」は安泰だろうか。座視したままこまねいていれば海上保安協会などのどこかに吸収合併の運命をたどる。

「灯光会」存続の方策として、誠に僭越であるが、次の通り懸案を述べさせていただきたい。

1　現在の「灯光会」を「灯光会シルバー人材センター本部」に格上げする。

2　地方各地の現場に支部を新設する。

3　まず一〇〇年以上の歴史ある灯台を対象として、用地借地権の「国よりの拝受」を願う。

4　用地に太陽光発電施設および、風力発電施設を併設する。

5　二階建てとして、二階は歴史資料館、一階は観光客の「憩いの施設」とする。

6　天下り人事を排除し、頭の切り替え、「商魂」たくましい人材を抜擢する。

7　定年を八〇歳とする。

（平成一四年一〇月二一日脱稿）

家宝

昭和四九年（一九七四）一一月六日、奇しくも拙家と同じの宗派の浄土真宗正《しょう》聞寺《もんじ》（福岡県朝倉郡長渕）の住職堀勇哲殿より、ご真筆が舞い降りた。

灯台記念日（一一月一日）の「読売新聞」の記事に感動されて、達筆迸ばしるご揮毫《きごう》二点。私にとってはまったく予想もしない初めての人生体験、何にも代えがたい家宝となる。爾来、二八年後の今日まで荒家《あばらや》二階の客室床間に光り輝く。私にとっては、健康長寿の護り本尊となられた和尚様だが、九〇歳の高齢にして今なお矍鑠《かくしゃく》、健在のお便りがあった。

私も二男五女の七名の子供と、孫一三名、曾孫一四名に恵まれながらも、独立独歩の一人暮らし、伴侶なき寂しい余生がいつまで続くのだろうか。「一人旅」の九一歳。

（平成一四年一〇月二六日　誕生日に脱稿）

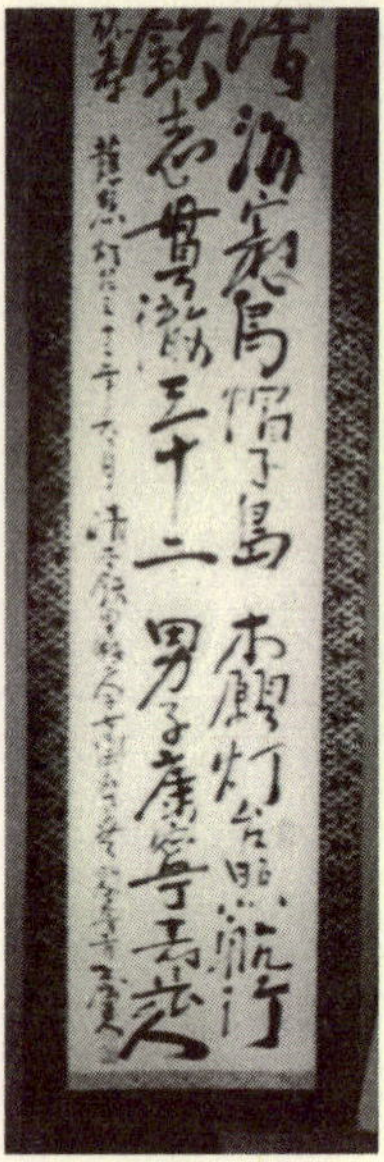

清《さ》海《かい》寂《じゃく》たり
烏《え》帽《ぼう》子《し》島《じま》
本《ほん》願《がん》の灯《とう》台《だい》
航《こう》行《こう》を照《てら》す
鉄《てっ》志《し》貫《かん》徹《てつ》す
三十二
男《だん》子《じ》康《こう》寧《ねい》にて
寿《じゅ》長《ちょう》久《きゅう》なれ

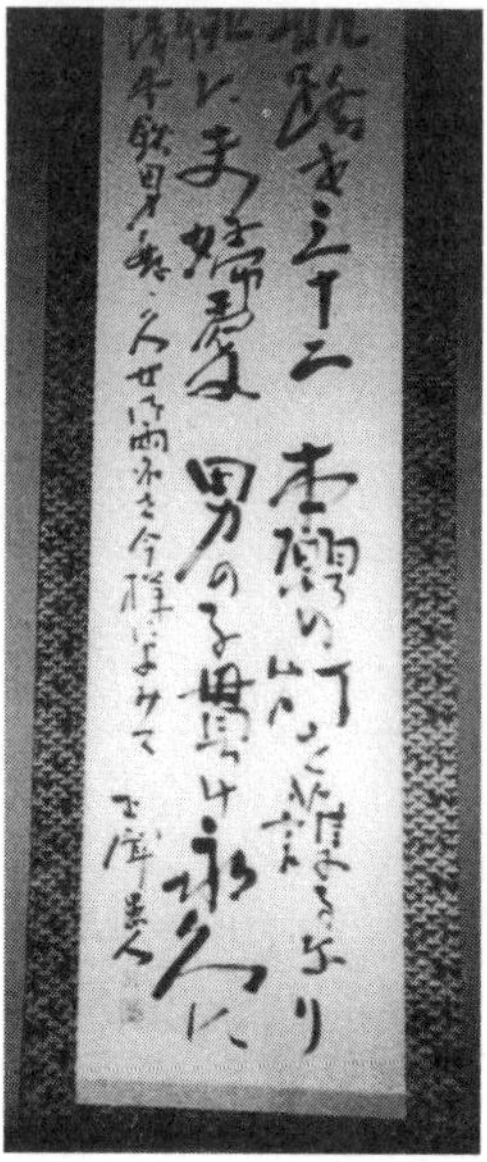

清き航路を
三十二
本願《ほんがん》の灯《ひ》さ
護《まも》るなり
鉄《てつ》の腕《かいな》に
夫《ふう》婦《ふ》愛《あい》
男《お》の子《こ》、貫《つらぬ》け
永久《とこしえ》に

著者プロフィール

清本 鉄男（きよもと てつお）

1911年10月、宮崎県生まれ。

元・海上保安官。僻地勤務32年有半、最長記録達成。

太宰府市都府楼区、最高年齢91歳で初代区長。

「老いて青春、定年なし」をモットーとする。

おんぼろ人生敢闘記

2003年1月15日　初版第１刷発行

著　者　清本 鉄男

発行者　瓜谷 綱延

発行所　株式会社文芸社

〒160-0022　東京都新宿区新宿１－10－１

電話　03-5369-3060（編集）

03-5369-2299（販売）

振替　00190-8-728265

印刷所　株式会社ユニックス

ISBN4-8355-5023-4 C0095